学前教育中的语言艺术与表现形式研究

李佳音 / 著

吉林文史出版社

图书在版编目（CIP）数据

学前教育中的语言艺术与表现形式研究／李佳音著
. -- 长春：吉林文史出版社，2021.12
ISBN 978-7-5472-8397-4

Ⅰ．①学… Ⅱ．①李… Ⅲ．①学前教育－语言表达－
研究 Ⅳ．①G613.2

中国版本图书馆 CIP 数据核字 (2021) 第 244316 号

学前教育中的语言艺术与表现形式研究

XUEQIAN JIAOYUZHONG DE YUYAN YISHU YU BIAOXIAN XINGSHI YANJIU

出 版 人　张　强
著　　者　李佳音
责任编辑　钟　杉
装帧设计　杨佳任
出版发行　吉林文史出版社
地　　址　长春市福祉大路 5788 号出版大厦
印　　刷　吉林省吉盛印业有限公司
开　　本　787mm×1092mm　1/16
印　　张　12
字　　数　200 千
版　　次　2021 年 12 月第 1 版
印　　次　2021 年 12 月第 1 次印刷
书　　号　ISBN 978-7-5472-8397-4
定　　价　58.00 元

前　言

　　教学语言是学前教学活动的核心。没有科学、规范、艺术的教学语言，很难产生生动、有趣、高效的教学活动。因此，学前教师教学语言的规范性与艺术性，直接影响师幼互动的质量和教学效果。学前教育的口耳相传的主要特点使得语言交流成为学前教学的主要信息渠道。学前教师的教学语言是完成教学任务，实现教学目标的主要工具。学前教师教学语言水平的高低直接影响教育教学成果。教学语言的合理运用和艺术表达，一方面需基于教师对教学内容的把握和对教育对象的分析与认知，另一方面也需要教师具备适应教学需要的语言表达能力，并对教学规律和教学语言的规律有一定的驾驭能力。

　　众所周知，各科教学都离不开语言，语言是教师传授知识、传递信息的主要载体之一。教学语言艺术与课堂教学效果有着密切的关系。课堂教学语言如同电影语言、话剧语言、相声语言一样，属于专业语言。高水平的课堂教学语言艺术不仅能够增加学龄前儿童的知识储备，培养学龄前儿童的思维能力，启迪学龄前儿童的智慧，还能够提升学龄前儿童的审美，使学龄前儿童得到一种美的享受和情的陶冶。同时，语言作为人文精神的重要载体，在推行素质教育的今天，学前教育中对语言的表现形式也有着更高的要求。

　　基于以上因素，笔者紧紧围绕学前教育的语言艺术与表现形式展开研究，希望能为该研究领域贡献一份力量。另外，笔者在撰写本书的过程中，借鉴了许多前人的研究成果，在此表示衷心的感谢。书中还存在着许多不足之处，恳请前辈、同仁以及广大读者批评指正。

目　录

第一章 语言的性质和功能

语言就广义而言，是采用一套具有共同处理规则来进行表达的沟通指令，指令会以视觉、声音或者触觉方式来传递。严格来说，语言是指人类沟通所使用的指令——自然语言。所有人都是通过学习，从而获得的语言能力，语言的目的是交流观念、意见、思想等。语言是人们交流思想的媒介，那么它必然会对政治、经济和社会、科技乃至文化本身产生影响。语言这种文化现象是不断发展的，其现今的空间分布也是过去发展的结果。语言是人类的创造，只有人类具有真正的语言。

第一节 语言的定义

语言即传递信息的声音，是人类最重要的交际工具，是人们进行沟通的主要表达方式。人们借助语言保存和传递人类文明的成果。语言是民族的重要特征之一。一般来说，各个民族都有自己的语言。世界上的主要语言有汉语、英语、法语、俄语、西班牙语、阿拉伯语，这些也是联合国的工作语言。

汉语是世界上使用人口最多的语言，汉语和英语是世界上使用最广泛的语言。就定义而言，语言是生物同类之间由于沟通需要而制定的具有统一编码解码标准的声音（图像）指令。

语言是我们人类所特有的宝贵财富，没有了语言，可以说，就没有了世代文化的传承和发展。关于语言的定义，历来有诸多讨论，不少专业学者相继阐述过关于语言定义的问题。语言学家从不同角度分析语言定义时，有几条原则来约束他们所提出的理论是否科学，分别是客观性、穷尽性、系统性、简洁性、清晰性，这五点原则是语言学家在长期的探索中所提出的。

客观性是对语言学家的基本要求，要求他们在一切以事实为基础的基础上提出和不断地修正其假设和理论。

穷尽性是要求在准备和收集资料时要注意尽量全面和不断补充，不能马虎潦草地将资料拿出来进行研究。

3. 系统性，语言研究要有系统性，理论内部才能有联系。

4. 简洁性，语言的科学研究更重要的是要注重话语的经济性，用简洁的方式去进行分析和概述，而不是用华美的文字进行修饰，使其优美、押韵等。

5. 清晰性，语言学家需要将理论、概念等清晰明了地表达出来，而不能模棱两可。以上五点原则对语言学家的理论研究在一定自由的范围内又有了科学的限制。

一、韩礼德与乔姆斯基的语言本质观

当今语言学有两大派别，一是形式主义；二是功能主义。

形式主义以乔姆斯基（美国语言学家）的转换生成语法为代表，转换生成语法将语言视为一个实在本体，从语言本身与语言内部展开研究。

功能主义以英国语言学家韩礼德的系统功能语法为代表，其将语言学视为与社会发生联系的工具，从语境与社会功能方面展开研究。

二者都研究语言的本质是什么，但研究角度和方法有很大差异，这恰恰使二者能相互补充。

乔姆斯基《句法结构》的发表开创了语言研究的新纪元。然而，系统功能语言学家韩礼德对语言的性质等却持有不同的看法。下面将从两者在语言观上的不同作为根本出发点，并从句法、语境等方面批判地看待这两种语言观。

（一）句法和意义之间的关系

乔姆斯基的转换生成理论大致经历了五个发展阶段：古典理论阶段、标准理论阶段、扩展的标准理论阶段、管辖与约束阶段、最简方案阶段。乔姆斯基认为语言是受规则支配的体系，人具有天生的语言习得机制和语言能力。人类使用语言不是靠机械模仿和记忆，而是不断理解、掌握语言规则、举一反三地创造性地运用语言的过程。20 世纪 60 年代初，乔姆斯基接受了凯茨和波斯特尔等人的建议，考虑了语义因素，并提出一套解决语义问题的理论，即标准理论。后来他对自己的理论又做了几次较大的修改，但是语法和语义的基本关系并未变动，即把语法看作是语言的基础。乔姆斯基始终遵循："句法是独立于语义的，句法研究不应以语义为基础，形式必须独立于意义之外进行描述。"的描述语言。

自治的语言观是生成语法的理论基石之一，其核心是"句法中心说"，也就是说，有些音位和语义过程的论述依赖句法事实，而句法过程的论述则无须依赖音位和语义。句法自治性原则决定了生成语言学用纯句法的因素来解释语言现象。

韩礼德认为语言是意义系统，语义决定句法，语法描写应该从意义入手，把语言看作一种可供选择的，用于表达意义的源泉。他的系统功能语法包括"功能语法"和"系统语法"两个部分。功能部分体现了语言作为社会交往工具的实质；系统部分指明语言是由可供选择的众多意义子系统组成的系统网络，称为意义潜势。在观察研究以及总结前人成果的基础上，韩礼德提出了语言的元功能理论，即语言有以下三大基本功能：经验功能、人际功能和语篇功能。语言系统的形成正是人们在社会发展过程中为了实现各种不同的意义和功能构成系统功能的结果。可见，韩礼德的语言研究重视语义想以功能印证形式。

（二）语言的本质和研究对象

乔姆斯基认为，语言来源的本质在于人类成员的心智／大脑中存在的一种由生物性遗传因素所决定的、通过天赋而来的认知系统，而这个内在的与生俱来的语言就是语言的研究对象。他把语言看作是心智的一面镜子，人们对语言内在规律的认识就是对人脑的认识，语言研究的最终目标就是解释使得语言成为可能的大脑神经心理机制。

乔姆斯基区别了语言能力和语言行为，认为只研究有限的语言行为很难解释语言的本质，语言学研究的对象应该是语言能力，即人们说话时的心理过程。他提出了深层结构和表层结构假说、普遍语法假说，认为语言学的最终目的是通过种种假说对人类认知结构中特有的语言能力做出解释。

目前心智和大脑中的语言机制虽然不能为科学手段所证实，但其表现形式，即普遍语法却以经验实在的形式为人们所感知。普遍语法是客观世界中真实存在的物体，是大脑中的特定基因表达，它是先于语言经验的心智状态，语言能力和心脏类似，是一种"心智器官"。一个人的具体语言知识是人脑的普遍语法与后天经验相互作用的结果。

韩礼德认为语言是社会交往的产物。他倾向使用"潜势"一词来描述语言系统，并将所有的语言使用现象都纳入其研究范畴。他将语言的研究放入社会中，认为语言是有意义的社会符号系统。人们生活在社会中，定要通过语言对外界发生的事情进行描述，并且需要通过语言表达内心对这些事情的看法和感觉。人本身就具有社会属性，因此，必然要通过语言建立人与人之间的联系。作为一种符号，语言可以使人们摆脱外界事物的束缚，通过组织语言进行抽象的表述，从而使语言本身具有组句成篇的功能。

虽然乔姆斯基的形式语法和韩礼德的系统功能语法对语言本质的认识以及研究的对象大不相同——他们分别从形式和意义入手，但他们关心的基本问题是同一个：为什么语言存在目前的种种特征。

（三）语言与语境的关系

韩礼德的语境决定了语言的形式。语境这一概念最早是由马林诺夫斯基提出的，广义的语境甚至包括语言产生的整个背景，即文化语境。弗斯吸收了这一观点，从语言学的角度出发建立语义分析理论，并被韩礼德所继承和发展。韩礼德的理论认为，语言材料要在不同的层次上进行解释，最基本的层次是实体、形式和情境。这三个层次依靠两个层次联系起来：语境和音位学。韩礼德把语用层面引入了语言研究，把语言事件的词汇——语法结构与语言使用中的社会语境结合起来研究意义的产生。

乔姆斯基的语言独立于任何语境。他坚持认为，语言是一种心智活动和表现，其物质基础存在于大脑之中；语言机制是心智的组成部分，最终是大脑的组成部分；对人类语言的研究就是对人类心智，最终对人类大脑的研究。普遍语法是客观世界中真实存在的物体，是大脑中特定基因的表达。这也就从一定程度上否定了语境同语言的关系，即不承认语境对语言的决定或影响作用。

二、索绪尔和萨丕尔的语言观

现代语言学创始人费尔迪南·德·索绪尔作为结构主义语言学的创始人，《普通语言学教程》集中体现了他结构主义的语言思想。这本著作对语言学的发展产生了重大的影响，标志着现代语言学的开端，起着里程碑的作用。萨丕尔是20世纪初美国著名的人类学家和早期结构主义语言学流派的主要人物之一，是美国描写语言学的奠基人之一，他的代表作《语言论》在美国语言学界有广泛的影响。《普通语言学教程》和《语言论》分别体现了两位语言学家的语言学观点，其中有很多相似之处，但也不乏一些不同的地方。

（一）语言定义比较

索绪尔的《普通语言学教程》和萨丕尔的《语言论》两本书都首先对语言这一语言学对象进行了探讨和定义。

索绪尔对比"语言"和"言语"这两个不同的概念，提出语言和言语活动不能混为一谈；它只是言语活动确定的一部分，而且当然是一个主要的部分；它既是言语机能的社会产物，又是社会集团为了使个人有可能行使这机能所采用的一整套必不可少的规约。语言不是说话者的一种功能，它是个人被动地记录下来的产物。索绪尔将它比喻为把同样的词典分发给每个人使用，语言是每个人都有的东西，同时对任何人又都是共同的；而言语却是个人意志和智能的行为，它是人们说话的总和，进而提出语言是言语活动事实的混杂总体中一个十分确定的，可以分出来加以研究的，同质的，具体性较强的对象。

萨丕尔在《语言论》中指出语言是纯粹人为的、非本能的、凭借自觉地制造出来的符号系统来传达观念、情绪和欲望的方法。这些符号是听觉的符号，是由所谓"说话器官"产生的。其对语言的讨论是从人类学角度出发的，认为语言不像走路那样，语言的习得必须在一个人类社会的环境中，否则他就永远不会说话，即不会按照某一社会的传统体系来表达意思。

总体来说，两人都认为语言是社会约定俗成的一套规则，但索绪尔更注重语言不同于言语的部分，强调语言是从复杂言语活动中抽取出来确定的对象；而萨丕尔则更注重语言是非本能的这一特性，两人对语言做出定义的角度不同。具体来说，索绪尔将语言学分为了语言的语言学和言语的语言学，认为言语活动的研究包含着两个部分：一部分是主要的，它以实质上的社会的、不依赖个人的语言为研究对象，这种研究纯粹是心理的；另一部分是次要的，它以言语活动的个人部分，即言语，其中包括发音为研究对象，它是心理·物理的。较之《普通语言学教程》，萨丕尔没有在《语言论》中明确区分语言和言语的不同，需要读者自己区别，而主要强调的是语言从人类学角度考虑是非本能的。

（二）对语言符号的认识

不难看出，对于语言的认识，两人都认为语言是一种符号系统，并且都认为语言符号是由一种外壳（索绪尔认为是音响形象；萨丕尔将其理解为一种习惯的、自觉发出的声音或者声音的等价物）和意义（经验成分）相连接而成的。其中，外壳和意义的联系是任意的，是不可认证的，即外壳对现实中跟它没有任何自然联系的意义来说是任意的。简单地说，就是在确定外壳和意义的连接关系之前，它们有与其他任何意义产生连接的可能，它们被连接在一起是不绝对的。虽然两人在语言符号上有较多一致的观点，但从具体分析上来看，还是有各自不同理解的。

索绪尔在此提出了能指和所指这两个概念，认为语言符号是这两者的结合。他首先指出语言符号所包含的两项要素都是心理的，而且由联想的纽带连接在我们的脑子里，语言符号是一种两面的心理实体。认为语言符号连接的不是事物和名称，而是概念和音响形象，分别用所指和能指代替它们，而所谓音响形象，它不是物质的声音，而是这声音的心理印迹。由能指和所指连接而成的语言符号具有不变性和可变性，能指和所指以绝无仅有的程度各自保持着自己的生命。

萨丕尔与索绪尔对语言认识不同，萨丕尔认为语言主要是一个听觉系统，但因为它是说出来的，所以它也是一个运动系统。当然，萨丕尔同时也指出语言存在着种种紧缩，其中最重要的就是思想时语言过程的紧缩，进一步紧缩之后，它根本不发出声音来。由此看出，萨丕尔所谓的语言的能指方面是物理·心理·生理的，不同于索绪尔所认为的单纯的心理的。

此外，萨丕尔在索绪尔对所指的理解上更进一步地分析了他对经验成分的认识，他分三步逐一推进：①必须把我们的经验世界大事化简和一般化，语言成分（表明经验的符号）必须和整组的经验，即有一定界限的一类经验相结合，而不只是和各个经验相联合，如我们对某一房子的个别印象必须和我们对它所有的印象参同起来，我们对这所房子的一般化记忆必须和所有看见过这所房子的人对它的"意念"融合起来；②联合必须是纯粹符号性的，这样地联合起来——自主地，而且在某种意义上说，只是任意做的——需要高度运用自觉注意；③在深入到底，必须多少有点任意地把一堆堆相似的经验归在一起，"房子"这个语言是一个"概念"的符号，包括成千上万的经验，并且还准备接纳成千上万的。这是萨丕尔对经验的深层次讨论，将索绪尔的所指更加一般化、概念化。

（三）语音系统的认识及比较

索绪尔在《普通语言学教程》对语音的认识采用"音位"这一称法，音位是听觉印象和发音动作的总和，听见的单位和说出的单位的综合，它们互相制约着，相同的行为就相当于相同的声音：b（听觉拍子）=b′（发音拍子），而音位正是 b 和 b′ 构成的。萨丕尔没有着重讨论语音的定义，而更多地是在分析发音器官怎样产生语音的基础上，将其做细致的划分和描写。

萨丕尔划分语音的依据有四个：①发这个音时，声带位置如何？②气流是自由地通过口腔的，还是在某一点上受到了阻碍，要是受到了阻碍，又是怎么受到的？③气流是只通过口腔的，还是也流到鼻子里的？④口腔里的确定发音点是什么？

同时，萨丕尔还提出了一个非常重要的关于语音模式或语音系统格局的概念。他认为在表面的语音系统背后"还有一个更有限制的、'内部的'或'理想的'系统"，表面系统的音可以发生变化，内部的模式却不变，"甚至在它的语音内容久已改变了之后，它还能作为一个格局坚持下去，包括语音成分的数目、关系和作用"他以英语和德语分开后产生了同样的复数形式为例，英语的 foot（脚，单数）：feet（脚，复数）。这一理论在某种程度上是相当有影响的。

索绪尔对语音的分类是以其开度的大小为依据的，分别分为 7 等，用数字0—6 表示。而其对语音的分析则更注重的是它在语链中的情况，索绪尔认为只有当两个要素或几个要素牵连在一种内部依存关系里的时候，语音科学才成为可贵的，因为一个要素的变异要受到另一个要素变异的限制。由此进一步提出了外破和内破的概念及其在语链中的各种结合。不同于萨丕尔研究语音的侧重点，索绪尔更多的是就单层的语音结构来分析其音与音之间的结合，更注重语链对语音的影响。

（四）语言变化规律的比较

就语言变化来讲，萨丕尔主要写了两方面的内容：语音规律和沿流。对于语音规律的认识，索绪尔在历时语言学这一编中对其做出了相当具体的解释。第一，索绪尔认为语音变化是绝对存在的，而且认为从实际情况来看，这些演变是完全有规律的，这一观点和萨丕尔无疑是一致的；第二，索绪尔提出了语音变化的条件，认为语音的变化有绝对的变化和条件的变化，称为自发的语音现象和结合的语音现象；第三，结合别的学者的观点，大概分析了语音变化的原因；最后指出语音演化在语法上的后果，如语法关系的破裂等，在语音和语法关系紧密性问题上，萨丕尔和索绪尔所持观点也是一致的。

对于沿流问题的解释主要借助了对方言的分析，萨丕尔同索绪尔一样坚信语言是在不断变化的，那么其中必定存在着个人变异和方言变异，他认为个人变异本身只是偶然的现象，是无目的的动荡，语言改变一开头必须作为个人变异存在,但语言的沿流是有方向的。也就是说，只有按一定方向流动的个人变异，才能体现或带动语言的沿流。而且两人也同样认为方言的存在在很大程度上除了空间因素，还有时间因素，索绪尔更是指出时间是主要的原因，《普通语言学教程》中将这部分内容归为地理语言学的范畴。

在萨丕尔看来，语音变化是由三股基本势力拧成的：一种有定向的总沿流；一种重新调整的趋势；一种保护性的趋势。然而他并没能将语言变化的动力真正解释清楚，有些学者认为其对语音规律的认识还只是一种猜测。

第二节　语言的基本属性

一、语言的本质属性—社会属性

语言的本质属性是其社会属性。这表现在：语言为社会服务，社会离不开语言；语言又随着社会的发展而发展；语言是音义结合的符号，音义结合是社会约定俗成的。

（一）语言是一种社会现象

语言具有一切社会现象的共同点，为社会服务，而且是以交际工具和思维工具的身份为社会服务的，所以语言是一种特殊的社会现象。语言作为社会现象，社会的存在为语言的产生和存在提供了可能，社会也离不开语言，语言是维系社会的纽带。远古时期，人类的祖先为了生存，在改造自然的劳动过程中，为了彼此交换看法，以便统一行动，他们之间到了非说不可的地步，于是语言就慢慢开始出现了。有了语言，最后人类的祖先才变成了人，组成了人类社会。

可见，语言的产生就是为人类社会服务的，语言在人类的生存中发挥着非常重要的作用。

我国著名语言学家许国璋先生多方面考察了语言的功能，从人与人的关系角度，他说语言是社会的粘合剂，又是传输信息的工具，可谓抓住了语言的实质。语言在人类社会正式形成后，凡是有人活动的地方，就需要语言，它是推动社会发展不可缺少的重要力量。语言看起来很平常，平常得如同人们穿衣吃饭一样，人们没有意识到它对社会有多么重要，然而，有谁能够否认语言的存在以及它对社会的作用呢？人的思维靠语言得以发展，人与人之间的联系靠语言得以维持，这样才促进了社会的进步。社会一旦失去语言，人与人之间的联系便会中断，社会就会解体。如今，日新月异的社会和迅猛发展的科学技术更需要发挥语言为其服务的积极作用，语言研究及其活动已深入到社会的一切领域，语言之所以存在，就是因为语言具有重要的社会功能。

（二）语言发展的基本条件

语言是随着社会的变化发展而变化发展的，社会的发展是语言发展的基本条件，语言作为人类重要交际工具的属性，决定了人类社会的发展变化必然会促进语言的发展变化。主要表现在：

语言必须适应因社会的发展而产生的新的交际需要，与社会的发展保持一致。随着社会的发展，新事物、新概念大量出现，人们需要认识、指称这些新事物，并为其命名，以满足交际需要，于是产生了新词。人们的思维、观念伴随着社会的发展而产生着新变化，同时也对事物的认识水平不断提高，不断地发现曾经没有的事物，为记录这些新事物及认知，也要不断地创造新词。中华人民共和国成立以来，特别是改革开放之后，新生词语不断地增加，诸如破小产权、个体户、安居工程、商品房、孔子学院、低头族、智能手机、笔记本电脑、新能源汽车，等等。涉及人们观念认识、事物、科学技术、社会制度等各个领域。社会的发展变迁必然在语言的词汇里留下了反映具有时代特色的词语，起着历史见证的作用。

语言的发展变化必然受到社会发展变化的影响。语言随着人类社会的产生而产生，当然在人类社会发展的影响下得到发展。只要读一下《诗经》《楚辞》便知道，两千年来，汉语有了显著的发展，但是如果没有两千多年来中国社会的发展，汉语的发展是根本不可能的。语言在发展演变的历史长河中所形成的分化、相互接触、统一的现象，说到底，还要从社会分化、相互接触和统一中得到解释，汉语我国在汉、魏、晋、南北朝时期出现了"南染吴越，北杂夷虏"的混杂局面，就是当时民族侵扰所产生的社会动荡引起的语言变动。可见，社会的任何变化都会在语言中反映出来。

（三）语言的本质

语言是一个符号系统，音义结合构成语言符号，成为现实现象的代表。语言符号最大的特点是音义结合的任意性，音与义之间没有必然的、本质的联系，是全社会的人在长期的社会实践、社会交际中"约定俗成"的。索绪尔认为语言符号是由能指和所指构成的，"能指"即用来指称者，"所指"就是被指称者，比方说，词就是一种能代表和指称某一现实现象的符号。所谓语言符号的任意性，是说用来指称者和被指称者之间的关系是任意的，无法论证。"水"在汉语中叫 shuǐ，在英语中叫 water；"书"在汉语中叫 shū，在英语中叫 book，为什么相同的意义在不同语言中就能用不同的声音来表达，其中没有必然根据。只是偶然选择后逐渐得到大家的认可，形式和意义就固定了下来，于是在任何场合都用这个音来表达这个意义罢了。所以莎士比亚借戏剧人物之口简单明了地说出了这个道理："玫瑰即使我们不叫它玫瑰，不也一样芬芳吗？"因为物的内容是不会因对其命名不同而发生改变的。

不过，汉民族共同语为什么不把书（shū）发成"shé"或"shè"音，其实，先秦学者荀子在他的《正名篇》里做了解答。荀子说："名无固宜，约之以命，约定俗成谓之宜，异于约谓之不宜。名无固实，约之以命，约定俗成谓之实名。"他的这段话讲出了很深刻的语言原理：一是名称是社会的产物，是社会成员约定俗成的；二是名和实之间的关系不是原本固有的，二者之间没有必然的联系，而是人们规定的。"约定俗成"意即符号是具有社会性质的，不论是符号的形式或意义也好，还是形式和意义结合的方式也好，都是使用语言的社会集团所赋予的，生活在这个社会中的每个人都得遵守这种习惯罢了。符号的社会性是语言符号的本质。

二、语言"身、心"属性的探讨

长期以来，人们认为语言是交流的工具，过多地考虑了语言的交际功能，而疏忽了语言与心智活动之间的关系。乔姆斯基在 2005 年发表的《语言设计的三个要素》中提到"人类智力"的发展和语言器官之间的密切关系，指出智力的发展是推动语言出现和进化的的首要因素。

（一）语言的生物属性

长期以来，许多语言学家首先考虑到的是语言的交际功能，把语言的生成纯粹看作是环境对人的刺激。人生来并非一张白纸，而是像张写满了各种复杂符号的地图，这张地图上的图形是在不断变化长大的。从精子和卵子相遇成为受精卵的那刻起，基因序列就基本形成，个体的体型、性格和喜好等各种形状就都已经写好了，只不过在后天环境中逐渐发展成熟而已。

人类为了适应某种环境，将自然地舍弃一些天赋能力，这也是在自然选择中逐渐适应的一种表现。由于人类在生长过程中接触到的大多是人，为了更好地适应人类社会和学习人类社会中的生存技巧，因而其必须要进行自然选择。适应在生物及其环境中起到至关重要的作用。

人类成长过程中，心智建构受到先天的生理结构和后天环境相互作用的影响。乔姆斯基认为语言器官是和其他器官一样在环境的作用下逐渐成长起来的，基因决定语言机能的初始状态，每一种语言都是初始状态和获得经验相互作用的结果。

语言的初始状态是整个种群所共有的，语言的初始状态可以看成是一种"语言获得机制"，"输入"经验，"输出"语言，语言的"输出"表现心智的变化。

语言的习得过程受到环境的影响，但不是仅靠教育而产生的结果。语言的发展进程是由其初始状态事先决定的。皮亚杰指出语言的发展和智力的发展一样，都具有阶段的连续性特征，这种发展路径体现出神经机制成熟过程中内源因素的发展，同时体现出自动调节机制在环境和个体逐渐成熟之间的相互作用。儿童心智的发展与成熟和机体的生长一样，有其节奏与"定径"，即使最有效的教育方法，在某种程度上也不能加速临界期。研究语言时需充分考虑语言的自然属性和环境之间的互动因素。

语言可以被看作连接心智和环境的路径。环境包括人体外环境，即社会环境和自然环境。人体内环境指的是个体所能意识到的环境（即意识到的思维）和无意识的环境（即无意识思维）。语言可以将心理活动输出到环境中，同时也可以从环境中获取材料。乔姆斯基认为大脑的语言器官中有个"词库"(科学已证实大脑中有专司语言的部分)和一个"推导程序"。推导程序从词库里选择所需的词,然后推导出句子"结构描写式",最后由大脑中其他的"应用系统"进行合成具有音义结合的语言。乔姆斯基把大脑中的语言称为"内在化语言",而人们听到的语言称为"外表化语言"。"I—语言"属于大脑的无意识操作,不少学者认为并非大脑的全部活动都是有意识的。思维可以分为大脑的"计算思维"(不需要语言参与)和"现象学思维"(意识到的思维)。

（二）语言与意识的关系

在 20 世纪以前的研究中已经涉及意识问题,以及大脑的无意识操作,但是 50 年代之前的研究是非常有限和缺乏系统的。20 世纪初兴起的行为主义拒绝探讨意识问题,将一切行为都使用刺激和反应来进行解释。

行为主义的代表人约翰华生和追随者斯金纳否定心智和语言的天赋思想,强调外部环境对人的刺激和影响。行为主义运动在美国三四十年代达到顶峰,其影响一直持续到 20 世纪 50 年代。20 世纪 50 年代,语言学家乔姆斯基明确批判了斯金纳对"学习"的解释,并证明了行为主义建立的语言学习模式是不可行的。乔姆斯基认为人的大脑存在某种"语言器官",能够用有限的字生成无限的句子,大脑中设定了某种"心理语法"。

乔姆斯基的语言观主要来自笛卡尔,笛卡尔认为"推理、语言"是有意识的,而乔姆斯基恰恰相反,认为这是无意识的。Philip Johnson-Laind(英国认知心理学家)在《计算机与思维》与《心理模型》中提出大脑具有高度并行的机制,同时进行着数以万计的运算过程,并且大脑的许多工作是我们无法意识到的。美国认知科学家雷·杰肯道夫提出"意识的中间层次理论",他认为意识不是来自未经加工的知觉单元,也不是来自高层的思想,而是介于最低类似感觉的周边和最高的类似思想的中枢之间的一种表达层次。

有学者认为思维可以分为大脑的"计算思维"(不需要语言参与)和"现象学思维"(意识到的思维)。莱尔德认为我们意识到的只是计算的结果,而非计算本身,杰肯道夫称之为"信息结构"。美国认知科学家 Bernard J.Baars 提出"全局工作空间",他认为任何时刻处于这一个工作空间内的信息全部都是意识所呈现出来的内容,工作空间作为中央信息的交换中枢与许多无意识的接受处理器相联系，因此，我们所意识到的是短时记忆的某些项目，而并不是全部。

我们假定大脑系统中存在着记忆系统、意识系统和语言器官。语言器官从环境得到语言信号包括语音信号，然后将接收到的信号传送至大脑的意识系统进行处理，意识系统将处理后的信号储存在记忆系统中，进而这些储存在记忆系统中的信号构成语言器官中的"词库"以及推导程序。外界环境通过感官传递信号到语言器官，语言器官再将推导出的结构描写传递到意识系统，意识系统将处理后的信号最终储存在记忆系统中。记忆系统相当于一台计算机的储存系统，其主要功能是储存记忆。

有人把人类的记忆官能比作电脑的内存，塞尔认为语言机能的确是存在人脑之中的，"解释很简单，只有这样一个假设——即从这机制的结构角度看，存在着一个硬件层面的解释"。科学发现人脑和电脑的运行机制有很大程度上的相似性，但是人脑功能的复杂性是电脑所不具备的。

人类大脑的各个官能具有协调运作的特点，大脑的官能功能彼此兼容和重叠。重叠后的功能远远复杂于单一官能的作用。比如，单一药物的功效和两种或几种药物组合的功效是天差地别的，其综合药效要复杂得多。人类的记忆系统比电脑的内存功能更加复杂。科学发现人类的记忆和心理、潜意识等方面有很密切的关系，潜意识和意识相比，似乎处于更靠近记忆的地方。

生物的整体行为可以通过组成神经元各个部分的功能进行理解。生物学所取得的研究成果对人们理解进化问题有很大帮助，目前已知进化是对已有结构的改造，是随机和偶然的因素。最有可能被进化选上的是那些较容易叠加到已有结构上的改变和改进。

最终设计不会彻底，而是一群相互作用的小配件的零散累加。因此人体复杂的结构其实并非完美的组合，而是在人体和环境的作用下逐渐形成的、愈来愈利于生存的精密仪器。这个仪器的形成是一个动态发展的过程。要理解我们大脑的运行机制，就要了解大脑单个部分的功能，进而了解其各个部分协调作用的工作原理。

还原论的科学方法是目前科学界较为认可的研究语言、心智和大脑运行机制的方法。但是整体行为不等同于每一部分的简单叠加，这种行为在原理上可以根据每一部分的本性和行为外加这些部分之间如何相互作用的知识去理解，但是要弄清大脑器官之间的协调运作和彼此兼容的机制尚有很长的路要走。"语言使我们能对汇合不同感觉通路信息形成的概念进行存取,这些概念因而是多感官的和超感官的。但大脑如何能完成这样的功能仍然是个谜。"

唯物论和二元论都无法很好地解释语言的"身、心"属性问题,人们需要更好的理论来理解非物质的东西,类似语言和思维。"心智的现象完全是自然现象,是由大脑的神经生理活动引起的""思维和语言是有组织的物质。"塞尔认为和消化作用、光合作用或有丝分裂的自然生物顺序类似,意识是大脑的一个必然特征。

并非大脑的全部操作都与意识相关,人可以通过无意识地综合各种想法和联系来对外部世界进行感知。人的意识涉及某种记忆形式,可能是极短时的记忆。语言是大脑各个器官之间协调运作和彼此兼容的结果,还原论是目前生物学界普遍使用的科学方法,但是要弄清大脑是如何完成这项工作的,仍然还有很长的路要走。

语言的生成是具有生理基础的大脑的初始状态和在环境中获得经验的相互作用的结果,生理因素和环境的相互作用至关重要。语言的生成是一个充满争议的问题,笛卡尔和乔姆斯基的理论都遭到了许多质疑。有学者认为语言是约定的,而非先天的,语义才是至关重要的,而非语法结构,等等。所以一些语言学家进而开始研究意义的建构。对于意义建构的研究当然有助于我们理解大脑、意识、心理活动和语言之间的关系和运行机制。研究动物是如何去识别各种物品的同样可以帮助人类理解我们的行为,研究人类的意义建构也可以借鉴对于其他动物的研究成果。认知科学的发展将会促进人们进一步认识语言与心、脑的关系以及语言的运行机制。

三、语言的其他属性

（一）线条性

符号的样式有多种,各类符号表意的形式也有差别,如视觉符号中的标记、图案,其中的构成成分就以平面甚至立体图形排列表意。而语言则是通过将组成单位按照线性排列的方式才能传达意义或情感,在口头上表现为语言单位只能以时间先后为序一个挨一个地说出来,无法同时说出两个以上的单位;在书面上则表现为必须按单向线状排列记录语言单位的文字,在中国古代,书写顺序为从上到下、从右向左，现代则为从左到右。语言符号所具有的这种必须单向先后排列的特点就是其线性特征。

（二）任意性

任意性是就语言符号的两个基本方面——声音和意义而言的，是指声音和借助声音表达的意义之间没有必然关系这一属性。如果将符号与指称对象即客观世界、行为以及人的内心感受等放在一起，其关系就更为复杂。任意性是符号所具有的基本要求，也是语言的最基本属性。各种语言完全可以按照自己的习惯选择相应的声音形式指称同一个对象、表达同一个意义，其间的联系是没有理由的。

任意性是造成世界语言多样性最重要的原因。语言的任意性最主要表现在语言符号的音义联系的约定俗成方面，同时，也表现在语言单位组合的方式、选择的差异上。比如汉语言单位组合手段主要依靠语序和虚词，而西方形态特征明显的语言则主要借助复杂且规则严格的形态手段，也许个别具体的组合特征可以有认知意义的解释，但总体上看，不同类型语言之间的差异很难有发生学意义上的理由。另外，语言系统中意义单位所产生的附属色彩也只能从民族文化习惯上去解释。

理解语言的任意性要注意两点：首先，任意性是就音义联系的最初阶段而言的，即最初用什么声音表达什么意义没有理据可言，不过一旦两者建立联系并应用开后，音义之间的关系就有很强的强制性了，例如今天汉语里就不能再用"māo（猫）"去指称"两条腿走路，会制造工具，能说话的动物——"人"这个对象，除非是修辞的需要——骂人，或语言发展的结果——词语更替。其次，从能够独立运用的层面上看，任意性是就语言最小的能独立的音义单位——单纯词而言的，如"地、丑、小"等或"book、pencil、finger"等。对于语言系统中以单纯词为基本单位构成的复合词来说，音义之间往往可以进行解释。

（三）系统性

语言都是由大量的语言单位构成的，从最小的音素到音义结合体语素、词以及由词构成的句子等，无论从结构要素上说，还是从结构关系上看，语言都是一个结构庞大、体系严密的系统。

从结构要素上看，语言系统是由层次分明、单位明晰的各级单位构成的，如最小的单位音位可以构成最底层系统：绝大多数语言都有 30～50 个左右单位，这些音位各有自己的区别性特征，如 /d/ 为辅音，/i/ 为元音，辅音又有齿音 /f/，唇音如 /p/ 等的不同，这些音位根据不同的特征形成不同的聚合系统，同时，它们又可以根据特有的规则形成更大的结合体——音节。最小的音义结合体也是一个完整的系统：数量庞大，但彼此也会因意义类型、功能特征等形成聚合系统，同样也按一定规则形成高级单位——词。至于最小的构句单位——词则更是数量庞大、功能复杂，但彼此之间也同样各因自己的意义和功能特征而起着各自独特的作用。

所以，总体来看，语言是一个由数量众多且层次分明的单位组合成的复杂体系。各个层面的诸多单位通过某种属性形成聚合群，并按照一定的规则组合成更大的单位。

从结构关系上看，语言体系的构成单位虽然众多，层次也非常分明，但如果没有一个严密而复杂的组合关系，这些单位也形同散沙，难以运用。就语音层面看，在现代汉语里有 10 个元音、22 个辅音，但并不是任何两个音位结合都可以构成有效音节；语素构成词时，要受到结构和意义的制约，由词构成句子时，同样受到语义关系和结构关系的制约。可见，各级语言单位在形成有效结构时要受到严密的组合关系的制约。

语言符号不仅是一个构成严密的层级系统，而且符号单位之间存在着两种基本的关系：横向上看，符号与符号之间有复杂而谨严的结构组合关系，这种关系存在于语言符号的各个层面，如音素（或音位）可以按照一定的结构规则组合成音节，语素可以组合成词，直至词或词组按照规则组合成句子。纵向上看，在一条复杂的符号链上可以被替换的单位之间构成同功能聚合关系，符号的聚合关系属性也同样存在于任何一级单位中，就音位而言，辅音可以因发音部位构成不同的聚合类，也可以因发音方法构成不同的聚合关系。就词而言，英语里凡是在句子中有"数"的变化形式的词构成了独立的类——名词。因此，组合关系和聚合关系是语言符号系统内最基本的关系，因为它们而使得具有层级特征的语言系统更加完整严密，语言符号也因此能够满足人类复杂的交际需要。

当然，语言事实上还具有很多其他属性，在此不再一一赘述。

第三节　语言的基本功能

语言功能是语言在实现人的具体目的中所起的作用。一般来说，语言有三种基本功能：（1）从人与文化的关系看，语言是文化信息的载体，是人类保存、传递、领会人类社会历史经验和科学、文化、艺术成就的手段；（2）以人与人的关系看，语言是交际方式和交流思想的基础手段。哈利迪（心理学家）认为，可把儿童习得语言的过程视为逐步掌握语言各种功能的过程；（3）从人与世界的关系看，语言是人认识世界的工具，人们既用语言进行思维，又用语言调节行为。他相应地提出了七种语言功能：调节功能、相互作用（交往）功能、工具功能、个人表现功能、想象功能、启发功能和信息功能。

哈利迪还提出，儿童语言功能的发展有三个阶段：1. 第一阶段（出生后10个月起），儿童能以声音表现语言的调节功能、工具功能、个

人表现功能和相互作用功能。2. 第二阶段（16个月半～18个月），是儿童语言向成人语言的过渡期，显示出表现功能、启发功能等。并且在语言中较多地出现多种功能的复合体；3. 第三阶段（22个月半～24个月），是成人语言阶段。儿童在此阶段表现的语言功能基本上是复合的，并向更为复杂的成人语言功能发展。成人语言功能大体上可分为三大类：意念性功能（表现、指称、认知等）、相互关系功能（表达、欲望、召唤等）和篇章意识功能。而社会语言学家则认为，语言的主要功能可概括为：认识功能、表白功能、信息功能、人际功能、指令功能、情感功能、执行功能和美感功能等。

另一个方面，语言的功能主要分为社会功能和思维功能两方面，其中社会功能包括人际互动功能和信息传递功能。语言是交际工具和思维工具，它同思维有密切的联系，是思维的载体和物质外壳以及表现形式。语言是指令系统，是以声音、符号为物质外壳，以语义内涵为意义内容的，以指令、含义结合的词汇为建筑材料和语法组织规律的体系。语言是一种社会现象，是人类最重要的交际工具，是进行思维逻辑运用和信息交互、传递的工具，是体现人类认知、知识成果的载体。语言具有稳固性（传承性、无限传播能力，一定条件下可以受公共大众共识保存）和民族性（物种性）。

一、思维功能

语言思维是人类借助语言这种工具进行思维的一种心理现象。语言思维有两种含义：其一是凭借语言进行思维，如平常所说到的"汉语思维""英语思维"；其二是语言思维好比是语言符号的运行系统，在人的大脑中始终处于自主的运行状态，使语符的音、形、义三者之间，以及语符及语符之间产生关联，组成字、词语、语段和语篇，因此大脑生成语符并由此生成词语、语句、语段和语篇的过程像是一个"会思""会想"的过程，在这个"思""想"过程中，语言形成了独特的运行特性，即语言思维特性。

思维活动，尤其是抽象思维活动必须借助语言，而不能离开语言单独进行，即语言是思维的工具，是外壳；思维是语言的内容。因此，思维离不开语言，同时语言也离不开思维，二者如影随形，相互依存，共同发展。具体有以下两个方面的体现：第一，不存在没有语言的思维，即没有语言，思维活动就无法进行，思想就无法表达，思维实际上就不大可能存在；第二，不存在没有思维的语言，即语言作为思维的工具，只有在思维的过程中运用，才有存在的意义，如果没有思维活动，就无所谓交际和思想，语言工具也就失去了存在的价值。

语言思维至少有四个特性：①构设性及重构性。语言思维可以将多重信息合理地加以处理，将背景信息、文化信息、常识等非即时信息隐含化，并同时构建语言结构，将即时信息表达出来。即时信息指通过话语或语篇中的词语和语句即时地、直接地表达的信息；隐含信息则指即时信息里所暗含的背景信息、文化信息、常识等。②贯通性。即语言单位之间产生联系，从而将其联结成有意义的话语。语言单位在特定上下文或语境中具有语义关联性，这是不言自明的，但这种关联性的存在或出现取决于有关的各方主体，如果没有逐日通过语言思维来确立、建立这些联系，即使语言单位的潜在意义是明显的，但它们构成的话语意义也是不能成立的。③序列性。不论英语或者中文，它们的基本序列是 SVO（主、动、宾）型，这也是汉英句法最突出的相似之处。④记忆反射性。记忆是过去经验在人脑中的反映。如果说，语言思维是以语言包括词汇语义系统和句法系统的形式在人脑中运行，那么，其运行过程与记忆则是相互映照的。语言的表达几乎可以反映记忆的全部内容。

二、交际功能

语言是一种交际性的社会现象，是人类为了达到沟通思想、相互了解、协调行动、统一意志进行社会生产生活而创造的一套音义结合的符号系统。无论是"交谈既清雅，琴吹亦凄凝"的雅致，还是"一声笛罢不知处，两不交谈意已传"的默契，都只因"一声笛"、一言语而拉近了人与人之间的距离。

语言是人类最重要的交际工具之一。交际功能是语言主导的、首要的社会功能。所谓交际，指的是人与人之间的往来接触，互相传递和交换信息。人是社会的动物，从存在的第一天起，人就必须共同地与自然力进行斗争，以取得生活资料。人要迫使自然界服从于自己的目的，要支配和改造自然界。这样的任务显然不是任何单个人所能完成得了的。因此语言成了社会一个不可或缺的因素，人与人之间的联系靠着语言来维持。有了语言，生活在社会中的人才能传递和交换信息，共同生活、生产和斗争。

（一）语言最重要的社会功能

社会能够成立和维持的基本条件之一就是需要有各种交际工具来使社会成员相互沟通、彼此协调。人类社会是这样，就连群居的动物也是如此。语言最重要的社会功能就是交际功能。

《礼记·曲礼》有云："鹦鹉能言，不离飞鸟；猩猩能言，不离禽兽。"在古人看来，禽兽之类的动物也是有语言的。然而，动物的"语言"实际上是各种动物之间传递信息的特殊方式，它们是动物与生俱来的本能。动物的这种"语言"与我们人类真正意义上的"语言"有着天壤之别。其区别主要体现在以下几个方面：

1. 构造灵巧性

人类语言构造灵巧，主要靠任意性、离散性和层级性三个要素。①任意性就是指语言的形式与内容之间不存在相似性，两者之间没有必然联系。索绪尔（现代语言学之父）做出的解释为："概念和音响形象的结合叫符号。用符号这个词表示整体，用所指和能指分别代替概念和音响形象。能指和所指的联系是任意的。"正如我们每个人的姓名，它只是一个代号，与我们本身的构造无任何联系，你可以叫"张三"，别人也可以。如果当初"狗"被称为"人"，"人"被呼作"狗"，那么现在我们听到的成语可能就是"狗模狗样""狼心人肺"之类的了。②离散性是指"语言单位之间有明显的界限,传递信息的话语可以拆分成构成单位,而且这些单位可以在其他场合下使用,构成传递信息的话语"。例如"读书好"又可以拆分组合为"读好书"和"好读书"。③层级性是指语言由语音层与符号层两层组成。下层是语音层,包括两级基本单位:音位和音节;上层是符号层,包括四级基本语言单位:语素、词、短语和句子。

2. 功能开放性

功能开放性是指人类语言与动物交际方式间存在"无限性"和"有限性"的差别。动物传递的信息是极其固定有限的,而人类的语言是开放的,无论是哪种具体语言,都能传递无限的信息,只要是人能想到的,都可以用语言来表达。

动物有自己的信息传递方式。孔雀以华艳夺目的羽毛著称于世。雄孔雀之所以常在春末夏初开屏,是因为它没有清甜动听的歌喉,只好凭着一身艳丽的羽毛,尤其是那迷人的尾羽来向它的"对象"炫耀雄姿美态。人类语言的开放性则体现在语言是随着社会的发展而发展的,不断产生新词,吸收外民族的词语,一些社会现象的消失,语言中相应的词也隐匿或消失,但动物的语言没有这种变化。

3. 语言习得

动物的交际形式尽管个别可能是学习的,但多半是种类遗传的。而人类的语言则受社会习惯的制约,不同的人群由于约定俗成的不同而有不同的语言。语言与人种无关,一个人说什么语言不取决于他的肤色等遗传特征,而取决于他在什么样的人群社会成长,语言环境是人掌握语言的决定因素。

人类社会相互沟通的手段很多,有视觉的,如文字、图画、电报代码、手势、指示牌、烽火、标识、名片等;有听觉的,如语言、音乐、喇叭、广播、铃声等;有触觉的,如盲文、握手、亲吻、拥抱等。在这些众多的沟通手段中,语言是最为重要的。因为其他的交际手段要么携带的信息有限,要么适用的交际领域有限,要么使用起来要凭借其他的条件。而语言可以负载的信息量几乎是无限的,几乎可以适用一切生活领域,而且只要具有正常的发音生理条件和必备的神经心理条件,就可以自由使用它。

由此可见,语言是人类不可缺少的最为重要的交际工具,其他的交际手段只是辅助性的。在具体的言语活动中,人们会使用一些辅助手段来帮助语言进行交际；在一些特殊的交际领域，人们也会选用其他的一些交际手段，如公路上的各种交通标志、庆祝丰收时的锣鼓歌舞、代表国家形象的国徽和国旗、秘密交际场合的各种实物信号等。但是，这并不能说明语言不是人类最重要的交际工具。

（二）语言交际的结构与功能

语言交际的结构可以利用信息论的基本概念——信息、编码、输出、输入、代码系统等来描述，并且可依次做出语言交际的信息论模式；语言的交际功能主要包括：① 指令功能（意志功能）；② 描述功能（反应功能）；③ 表现功能（情感功能）；④ 美学功能；⑤ 沟通功能（礼仪功能）。

语言交际是交际双方为了特定目的，运用自己的口头语言、书写语言和适当的表达方式进行交往的一种言语活动。具有即时性、情景性、符合性的特点，属于言语交际的范畴。在日常生活、工作、学习中以语言为工具进行的信息和思想感情的交流。它是生活中使用最广、最多的交往手段。它不是单纯的听、写练习，而是一种变向互动式的动态语言实践，它需要面对面地你来我往地信息交流。因为语言交际以培养交际能力为目的，所以对于提高幼儿实践运用语言的能力，规范幼儿的语言表达，提高言语交际能力，使其养成良好的语言习惯有着特殊的效果。显然，如果语言输出受阻，何谈有效的语言交际。

（三）语言是全民的交际工具

从语言产生的社会大环境和发展前景来观察和认识，语言产生于没有阶级的原始社会，社会上连阶级都没有，语言作为社会的产物就更谈不上有阶级性了。在无产阶级社会，其发展的最终目的是实现共产主义，语言作为一种社会现象，自然也体现着无阶级性。

从创造者和语言的服务对象来看，语言不是由特定阶级创造的，也不是为特定的阶级和阶层服务的。语言是伴随着人类同时产生的，语言是人类社会全体成员共同创造的，并在生产劳动中根据社会交际的需要逐渐地加以完善的。语言是人类社会统一使用的交际工具，一视同仁地为社会全体成员服务，不是为特定的阶级或阶层服务的。在语言面前，无论男女老幼，无论贵族贫民，都有自由地使用语言、表达思想的权利。语言只是一种工具，可以用来表达思想，表达看法，但它本身没有阶级色彩。

从语言自身结构来观察，语言也是没有阶级性可言的，因为构成语言的语音、词汇、语法系统都是没有阶级性的。比如语音中的音素、音位、元音、辅音之类，词汇中的词语、语法中的结构单位、结构规则等都谈不上有阶级性。

莫里哀曾说："语言是赐予人类表达思想的工具"；巴尔扎克称："言谈是衣着的精神部分，用上它、撇开它，就和戴上或摘下装饰着羽毛的女帽一样"；海涅亦叹："言语之力，大到可以从坟墓唤醒死人，可以把生者活埋，把侏儒变成巨无霸，把巨无霸彻底打垮"。总之，人类社会离不开语言，语言是人类最重要的交际工具。

三、语言的社会文化功能

（一）语言社会文化功能的特性

语言的社会文化功能既具有层次性，同时又具有功能互补性。在多民族社会中，各种语言变体的社会文化功能是分层次的。社会文化功能强的是强势语言，其强势表现在很多方面，比如有文字和出版物，并作为媒体和教学语言使用，在知识、科技、文化等领域发挥主导作用。从全球范围来看，英语是强势语言，其他语言相对比较弱势。在我国，就汉语和少数民族语言而言，前者是强势，后者是弱势；普通话是强势语言，各地汉语方言比较弱势。就少数民族语言本身而言，一些语言在民族聚居区域内扮演区域性优势语的角色，其社会文化功能比较高；有些语言虽有文字，但使用范围很窄，其社会文化功能比较低；还有些语言不但没有文字，而且只在村落、社区甚至家庭内部使用，其社会文化功能就更低。

处在不同层次、具有不同社会文化功能的语言又存在着互补性。从普通话和汉语方言的关系来看，普通话是媒体、教育、公务活动等场合主要使用的语言变体，方言则是方言区成员日常生活、邻里乡亲、家庭内部更常使用的语言变体，民俗表演、地方戏曲和戏剧、笑话或讲故事等更是离不开方言。从普通话发展角度来看，方言是其不断丰富的重要源泉。东北方言词"忽悠"在短短几年内"忽悠"了大江南北，其强劲势头超出了"粤语北伐"，甚至成了主流媒体使用频率"相当"高的词。

在少数民族地区，汉语文正发挥着越来越重要的作用，而在汉语文不能发挥作用或不能充分发挥作用的层面，比如在少数民族聚居区、少数民族成员之间及家庭内部，少数民族语言仍是主要交际工具；在一些民族聚居区，少数民族语言还处于区域优势语的地位。在全国 1.06 亿少数民族中，有 6000 万人使用少数民族语言，其中 3000 多万人以少数民族语言为主要交际语，还有不少人使用少数民族文字。也就是说，少数民族语言在一定范围内、在相当多的人群中仍发挥着汉语所无法替代的作用。因此，我们在强调语言社会文化功能层次性的同时，一定不能忽略其社会文化功能的互补性，不能忽略弱势群体对语言文化资源的需求。

（二）语言社会文化功能的分类及特点

1. 内在的认同功能

语言内在的认同功能主要体现在两个方面：一是情感认同；二是民族文化认同。

情感认同更多的是一种个体和集体的自然心理认同，具有与生俱来的性质，它与语言使用者有一种天然的、难以割舍的内在联系。你说湘语，我说粤语，我们就属于不同的方言社区；我出生在某个少数民族地区，从小学会本族语，我就是正宗的本族成员；你虽然也是本族成员，但不会本族语，那你就不是正宗的本族成员，或者用当地老百姓的话说，就是"半吊子"。你跟我的语言不同、认识世界的方式有差异，我们自然就不是"同一族类"。语言上的认同或趋同常常是文化认同或趋同的表征。简言之，语言是界定"自我"和"他者"的依据，具有重要的情感认同功能。

语言的民族文化认同则是一种个体和集体的社会心理认同，在具有与生俱来性质的同时，还有后天社会因素所导致的认同强化或弱化以及其他变异形式。

一般而言，各民族对自己的语言都有特殊的情感，都有强烈的文化认同感。这种情感和认同感在少数民族或弱势群体那里往往表现得更加强烈。当母语受到他人歧视，或者其使用受到其他语言的威胁，语言使用者的情感、自尊心就很容易受到伤害。

语言认同和文化价值观的变化直接或间接影响着母语的使用和传承，并且会在很大程度上影响语言的交际功能和结构功能。比如，在一些少数民族家庭，父母与子女说本族语，子女用汉语回答，即通常所说的"半双语交际"。又比如，朝鲜语中有成套的敬称和敬语表达形式，但随着年轻人文化价值观的变化，在他们的语言使用中不再严守传统的交际规则，而是出现了敬称、敬语表达形式的弱化和简化趋势。

伴随着我国社会和经济的不断向前发展，随着少数民族与主体民族交往的不断加强、深入。有部分不愿固守家园、希望外出寻求出路的少数民族青少年就会产生认为本族语没有实用价值，无法使他们快速融入主流社会并过上更好的生活的观念。他们中的一部分人对本民族的文化漠不关心，甚至产生了自卑感，出现了不愿讲本族语的现象。这是语言文化认同弱化的例证。

语言文化认同的其他变异形式。我们常面临这样一种社会现实：少数民族精英阶层的民族认同感往往比普通百姓表现得更加强烈，保护本民族语言文化的呼声也比普通百姓更高，但就个人化行为倾向而言，他们并不愿意真正选择"族群化"的生活方式。在一些少数民族地区，当地精英大都愿意把子女送入汉语授课的学校，哪怕是异地就读。当他们需要强化民族认同时，就强调民族语文的重要性；当他们考虑个人及其后代的社会竞争力时，就更看重实用性强的语言。

正是由于语言既具有情感认同，又具有民族文化认同的功能，而与生俱来的情感认同又在很大程度上决定了民族文化认同，因此，如果不充分考虑这两个方面，而忽视少数民族对传统文化传承的长远需要，就会出现问题。任何个人或民族的需求总是多方面的，既有物质的，也有精神的。如果忽略了精神文化需求，当物质文化得到满足时，人们自然会寻找"归属感"。而精神文化的丧失就会使他们成为文化"边缘人"。

在对待少数民族语言文字问题上，政府必须有长远的战略眼光，政策的制定必须做到未雨绸缪。否则，语言以及相关的民族意识、民族认同就有可能成为民族精英包括那些已经放弃本民族语言文化的民族精英动员民众的强有力手段，而且这种动员手段常常具有一呼百应的效用。哈萨克斯坦独立运动的领袖之一是已经转用俄语的哈萨克族知识分子，而他用来动员民众的口号居然是"还我母语"，并且得到了广泛响应。哈萨克斯坦独立后，选举总统的条件之一就是必须懂母语。可见，语言的内在认同功能具有多方面的作用。

2. 外在的标志功能

语言具有个体和群体标志的功能。就个体标志而言，语言不仅能够影响我们的受教育程度、智力、工作能力、社会身份、社会地位、社会适应能力。就群体标志而言,语言是一个民族、一种文化、一个社团、一个社会阶层的标志。同时,我们还可以拿特定的语言变量作为衡量指标、判断个体的相关状况。此外,语言还会在很大程度上影响我们的个性,因此,可以通过语言窥视个体或群体的文化性格。总之,语言是一种"外在行为",只要你开口说话,只要你表达思想、交流感情,它就具有外在标志的功能。

3. 反观自我的功能

1988 年 1 月,当代 2/3 的诺贝尔奖获得者聚会巴黎,会后发表了一个联合宣言,宣言的第一句话就是:"如果人类要在 21 世纪生存下去,必须回首两千五百年,去吸取孔子的智慧。"21 世纪初,法国哲学家于连·弗朗索瓦在《为什么我们西方人研究哲学不能绕过中国》中指出,我们选择出发,也就选择离开,以创造远景思维的空间。

人们这样穿越中国也是为了更好地阅读希腊:尽管有认识上的断层,但由于遗传,我们与希腊思想有某种与生俱来的熟悉,所以为了了解它,也为了发现它,我们不得不暂时割断这种熟悉,构成一种外在的观点,而中国正是构成这种"外在观点"的最好参照系。为什么这样说呢?因为"中国的语言外在于庞大的印欧语言体系,这种语言开拓的是书写的另一种可能性;中国文明是在与欧洲没有实际借鉴或影响关系之下独自发展的时间最长的文明……中国是从外部正视我们的思想——由此使之脱离传统成见——的理想形象"。

近年来,美国汉学家安乐哲、哲学家大卫·霍尔出版了三部著作:《预期中国:通过中国和西方文化的叙述而思》《通过孔子而思》《从汉而思:中国与西方文化中的自我,真理与超越》。这些著作打破了主、客二分的传统思维模式,把主、客联系起来重构文化理解。因为中国和西方文化都不是一成不变的,它必然依据"个体"(主体)的不同理解而呈现出不同的样态,而且需要参照"他者",因此,理解的过程也就是重构的过程。

要真正认识自我,除了作为主体的"自我"要有"外在观点"之外,还要参照其他主体,参照"他者",从不同角度、通过不同文化环境反观自我,从而更加深刻地认识自我。我们常有这样的体验:自己习焉不察的事情,经"他人"提醒,往往会得到意想不到的发现,或者触及他物,会有茅塞顿开的感觉。立足这样的认识，各种文化都既是"我者"，又都可以互为"他者"，从而拥有自身发展的合理性。这也为文化多样性提供了一种新的理论解释。一个国家、一个民族不仅需要吸收异族语言文化来丰富自己，更需要在与异族语言文化的比照中，更加深刻地反观和认识自我，以求更好地发展。这就需要扩大视野，了解跟自己生活习惯、思维方式、文化传统截然不同的语言文化。就此而言，差异性越大的语言文化，值得借鉴和吸收的东西就越丰富、越有价值。

（三）结构、交际和社会文化功能的关系

在全球化进程日益加快的今天，任何民族都难以孤立存在，都需要与外界交往。在这种背景下，传统的单一民族国家、单一语言地区越来越少。跨国家、跨地区、跨民族的交往和接触必然会对有关语言文化产生相应的影响。就我国民族地区而言，少数民族语言的存在和使用常常与其传统的生存空间、生产和生活方式相适应，他们的历史文化和生产、生活常识大多靠口传教育，那些人口稀少、有语言无文字的民族更是如此。一些少数民族特别是人口较少的民族常常处在强势甚至多重强势文化的包围之中。

随着民族接触的加深和人口流动的加速，少数民族传统的生活、生存空间和生产方式以及社会结构就可能被打破，并逐渐接受强势语言文化。相应地，少数民族母语的交际功能、社会文化功能就可能逐渐萎缩，使用人口和场合会越来越少，一些语言甚至会走向濒危。在这种状况下，弱势或出现濒危迹象的语言中的一些传统表达方式、固有词语会逐渐退出交际，取而代之的是表达方式的简化，大量借用甚至夹杂强势语言的词语。在一些人看来，上述现象的出现是语言结构系统的"不适应"和"退化"，是导致语言功能退化、语言使用领域萎缩并逐渐走向濒危即"缓慢性"濒危的重要原因。在我们看来，问题并非如此简单。

语言的濒危或濒危迹象的出现不是因为语言结构系统的"不适应"和"退化"，而是"外力"作用的结果。重要的"外力"表现作用之一是民族间长期的交往和大面积的接触致使相关语言之间产生深层次的接触。这种接触和影响具有显著的不对等性，即强势语言更多地影响弱势语言。语言的接触和影响导致语言社会文化功能和交际功能发生显著变化，比如语言的社会文化功能逐渐弱化或被边缘化，使用领域逐渐萎缩，使用人口急剧下降，本民族绝大多数人转用第二语言，以至母语社区难以维系，代际传承出现严重问题，甚至出现代际母语交际的中断。受社会文化功能和交际功能变化的影响，语言的结构特点和表达特点也必然会产生一系列变化，其中最突出的就是强势语言词语的大量涌入，甚至出现较多的夹杂现象，致使本族语构造新词的能力受到严重抑制，语言结构急剧简化，等等。也就是说，"民族接触→语言接触→语言影响→语言社会文化和交际功能的弱化→语言结构变化（简化）"只能是一种顺推移的链状关系，而逆推移不能成立。

这说明语言结构的变化或"简化"不是导致语言濒危或走向濒危的直接原因，它是语言社会文化功能和交际功能变化引起的附带性变化。无论是语言的"缓慢性"濒危，还是"急促性"变化即语言的转用，都是语言社会文化功能和交际功能变化导致的，是非语言结构的"外力因素"作用的结果。一种语言在走向消亡之前，一般有两种选择：其一，转用强势语言，即社会文化功能和交际功能发生根本性变化；其二，大量吸收强势语言成分，改变自己的结构以维系本族语的传承。上面所说的语言结构的一系列变化实际上是弱势语言使用、发展、变化过程中的正常现象，是弱势语言为避免被强势语言迅速吞噬的一种表达策略和交际策略。尽管使用领域单一，使用人口不多，尽管有借用、有夹杂、有表达方式的急剧简化，但只要这种语言依然在本民族的社区、家庭中被使用，被青少年所传承，就不会被强势语言迅速替代。

四、语言的功能变体及语言的社会性

因社会分布的多元化，随之产生了语言项目存在和应用的多元化。语言受到各种社会因素的影响而产生各种变异，形成了种类繁多且相互交错的语言变体。这些语言变体在人类的社会活动中发挥着各自的作用。以下主要讨论功能变体的社会成因、存在方式以及几种主要功能变体的交际功能。

语言变体就是语言的不同表现形式。一种语言变体不同于另一种语言变体的因素就是各语言变体所包含的语言项目不同。所以我们把"语言变体"定义为"具有类似社会分布相似的一组语言项目"。这套语言项目可以是"整个语音、语法和词汇系统，也可以仅仅是某个特定的词语、特定的语法成分或规则"。所谓相似的社会分布，是指它与社会之间的联系，换言之，是什么人在什么时候，为了什么目的而使用了哪些语言项目。

社会分布的多元化也就产生了语言项目存在和应用的多元化。语言受到各种社会因素的影响而产生各种变异，形成了种类繁多且相互交错的语言变体。因此，"联系社会对语言进行研究"的社会语言学便把语言变体作为研究的重要内容。尤其是各种功能变体因其直接作用于人类的交际活动而备受关注。

在论述语言的功能变体跟语言的社会性关系之前，首先应当弄清"言语共同体""语言变体"两个概念。

从语言交际人的角度对语言进行研究可以发现，选择语言项目会受到交际人社会特征的影响。R.A.Hudson（英国语言学家）在《社会语言学》一书里容纳了布龙菲尔德等语言学家对"言语共同体"所下的定义。尽管这些定义在陈述角度上不尽相同，但都是根据言语划出的人群，而不是根据人群划出的言语。"大多数持久的集团，不论是小到面对面交往的伙伴，还是大到尚可为地区的现代国家，或是同业协会，地段团伙，只要表现出值得研究的语言特色，均可视其为言语共同体。"

何种言语共同体选择何种语言项目就呈现出一定的社会分布，言语共同体实质上是由呈现出一定的社会分布的一套语言项目即语言变体来划分的。"英语、伦敦英语、足球评论英语、法语、亚马孙河西北部某大家庭的成员所使用的语言、某人使用的语言"都可以称为语言变体。这些语言变体的实例大都和交际人的社会特征有关，一般属于社群变体，只有足球评论英语是和交际人对语言的使用有关，是属于功能变体。

（一）语言功能变体的成因

社会是有结构的。如果我们仅根据年龄、社会阶层、籍贯、性别把人加以分类，就会构成一个四维的社会空间，它的每一维度都与语言有关。一个人一旦根据这个多维空间在自己心目中的样子构建起一个模型，他就不得不在这个模型中确立自己的位置，并使自己的交际行为与一个分类复杂的交际行为系统相联系。该系统呈多维矩阵形式排列，交际行为可以在这个多维矩阵上得以确定维度。

语言学家们提出了不止一种多维模型，被广泛使用的是英国语言学家韩礼德的三维模型。这个模型由"场"（交际的目的和话题）"式"（交际的手段）和"体"（交际参与者之间的关系）三部分构成，所以，语言变体可以进行场、式、体三维立体分析。

任何一个方面又都是多维的。如说话人与听话人之间的关系就不止包含一个维度，可能是"同事关系"维、"亲密关系"维或"平等关系"维等。说话人必须根据不同的维度选择与之相适应的语言项目。甚至在一个简单的句子内，一些语言项目就可以反映一个人的身份，一些项目可以反映它与听话人之间的关系，另一些项目则或许可以反映场合的正式与否等。比如一个人要让对方洗脸，他可以说："请去洗洗脸好吗？"他也可以说："你的脸太脏，洗洗去吧。"这两句话在"场"与"式"方面是相同的，即交际目的和方式是相同的，都是以口语的方式建议对方去做某件事情。但是在"体"方面却不相同。前一句说明听话人可能是说话人的上级、长辈或者不太熟悉的人；而后一句则说明听话人是很熟悉的人或者是晚辈。由此可见，我们所处的复杂的多维空间中，任何一个维度的变化都会导致语言变异，并形成种种变体。

（二）几种主要功能变体的交际功能

1. 权势与亲疏变体

社会环境中存在着复杂的人际关系，这种关系特别表现为"权势"和"亲密程度"。大多数语言中都存在着一系列用来表达权势、亲密程度的语言变体。

在许多语言中，代词及其称谓都是表示权势和亲密程度的典型标志。汉语、法语等语言中，第二人称代词是权势和亲疏关系最为敏感的语言项目。汉语中的"你"和"您"就分别属于普通形式和尊称形式。普通形式一般用于没有尊卑上下的同等或关系较亲密的交际者之间；尊称形式一般用于有等级的或关系较为陌生的交际者之间。说话人必须根据听话人的权势或根据两人之间的熟悉程度以及亲密程度来确定对对方的称呼。

表示权势或亲密程度的变体不仅可以通过词汇变体来体现，还可以通过句子变体来体现。使用不同的变体显示不同权势的亲密程度有一套约定俗成的规则。因此，在特定的情景之下故意违反这些约定时，必然会产生特定的意义。如国庆三十五周年群众天安门大游行时，北京大学幼儿打出的"小平，你好"这幅标语就特别感人，用直呼其名的方式，用称呼的普通形式，真切地体现了当时人民群众对小平同志的热爱之情。反之，对平时直呼其名的人突然改用头衔加姓氏的尊称形式，则表明关系的疏远或亲密程度的减弱。

2. 口语变体和书面语变体

我们日常的交际可能是面对面，也可能异时异地，这样便产生了口语变体和书面语变体。人类使用最多、最普遍的语言变体就是口语变体，但口语变体往往在很大程度上受到时间和空间的限制。随着现代社会交际日益复杂和广泛，书面语变体作为一种打破时空界限的交际工具，正发挥着越来越大的作用。它适用于异时异地的交际，在一定条件下具有口语所不具备的功能。例如，现代社会中的任何契约，小至个人企业之间的合同，大至国家的法律、国际间的约定，一般都要用书面语变体加以陈述、纪录。由于书面语变体的语法结构比较严谨，没有口语中常出现的不必要的重复或方言俚语，所以，在一些正式场合，需要以口头形式表达的内容也需要用书面语的语体，如新闻广播、正式场合的发言等。但在一些特殊的语境中，往往使用具有独特语言特征的特殊变体。报纸的标题就常常使用特殊的书面语变体。

3. 代码转换的语言变体

语言变体间的关系实际上是完全不确定的，在交际过程中往往交织在一起。在实际的交际场合中，说话人间隔地使用多种变体，这种现象叫作代码转换。代码转换是由说话人的交际目的导致的，所以说，它是一种特殊的功能变体。

情景代码转换。在情景代码转换中，代码（即变体）随着会话题目、会话情景的变化而转换。在这种转换中，每一个转换点都与情景中的某一种变化相对应。因为会话题目是不断变化的，之所以有些题目适用于甲种变体，有些题目适用于乙种变体，或许是因为会话的双方更喜欢或更习惯某种变体谈及某一种题目。总之，代码转换随题目、情景的变化而转换。

会话代码转换。会话代码转换中没有题目和情景的变化，只有为了适应交际的自然需要，或表示双方的亲密关系。比如，两个会讲德语的中国人在德国相遇，一开始很可能用德语交谈，但当知道彼此是同胞后，便会改用汉语交谈，双方的关系马上会变得亲密起来。这种代码转换没有什么特殊的意义，只是交际的需要而已。

4. 双言现象

任何一个有着正常社会交际的社会人都生活在两类不同的场合中——日常随便的场合和正式隆重的场合。人们可以从模仿他人的过程中很自然地掌握两种或两种以上的语言变体。其中转换频率最频繁的是正式语言变体和非正式语言变体。正式语言变体又被称为"高级变体"或"学校语言"，一般需经过学校的专门训练才能掌握。非正式语言变体又被称作"低级变体"或"家庭语言"。两种语言变体同时被同一社会团体使用的现象，叫作"双言现象"。

英国语言学家查尔斯·弗格森是最开始将"双言现象"引入英语社会语言学文献的。他为双言现象做了如下定义：双言现象是一种比较稳定的语言状况，其中除了语言的主要方言外，还有一种非常不同的高度规范的上层变体。这种变体主要通过正规教育掌握，其适用范围主要限于书面语和正式谈话场合。这个定义中有一点很明确，那就是双言现象要求高级变体和低级变体应属于同一种语言。如我国各地的方言和普通话、瑞士德语区的标准德语和瑞士德语。

语言的高级变体和低级变体都属于功能变体，但功能有所不同。在一些公共或正式的场合，一般使用高级变体；而在比较亲密的非正式场合，一般使用低级变体。还有一些特定的限定使用某种变体的语言环境，如法庭，这样的场合必须使用高级变体。因为在法庭诉讼中，如果有人突然改用低级变体跟法官讲话，在习惯上，人们会认为他不尊重法官。即使说话人碰巧跟法官很熟悉，甚至碰巧跟法官是夫妻（这种极为亲密的关系之间讲话需用很随便的变体），但在法庭这种严肃的场合也必须使用高级变体。当然，律师跟法官讲话也必须使用高级变体。

第二章　学前儿童语言教育概述

学前教育机构在语言领域中使幼儿得到发展的总目标是"发展幼儿运用语言交往的能力"，语言是幼儿园教育中一个重要而独特的领域，它既是教育的内容，也是教育的工具与方式。良好的活动能促进幼儿语言的正常和健康发展，能否清晰地表达自己的意思，达到自己的目的，是我们衡量幼儿语言发展水平的标准。因此，学前教师如何开展语言教育活动至关重要。幼儿期正处于学习使用语言的最佳时期。幼儿园的语言教育应该以言语教育为手段，以一日生活为途径，利用一切积极因素和机会，灵活、随机地引导幼儿的语言活动。使他们乐意地运用语言进行交往，帮助他们积累运用语言的技能，培养幼儿初步的听说能力以及交往技能，进而使幼儿在品德和思维等方面都得到一定的发展。

第一节　学前儿童语言教育的基本观念

一、什么是学前儿童语言教育

从出生到进入小学阶段是广义的学前时期（0～6岁）。我们日常所说的学前期指的是孩子上幼儿园这段时期（3～6岁），即狭义的学前时期。学前儿童语言教育也有广义和狭义之分。广义的学前儿童语言教育把0～6岁学前儿童的所有语言获得和学习现象、规律以及训练与教育作为主要研究对象，对0～6岁儿童，应加强听、说、读、写的训练；狭义的学前儿童语言教育只把3～6岁儿童掌握母语口语的过程，特别是3~6岁儿童早期掌握母语的听说训练和教育作为主要研究对象。

二、学前儿童语言发展的过程及规律

通过心理学家、儿童语言教育家以及大量长期的观察研究，我们知道，儿童语言发展的过程，无论他们出生的地点、出生后所接触到的语言环境如何，也无论他们掌握语言的时间的快慢、智力的发展水平的高低如何，儿童掌握母语都有一定的规律可寻，他们掌握母语的过程都很相似。儿童语言发展规律大致分为以下几个阶段：

1. 0～1 岁左右为喃语阶段

喃语阶段也就是咿呀学语阶段。在这一阶段，婴儿能自言自语似的发出各种声音，但并不代表什么实际意思。婴儿在这个阶段已能理解成人的一些面部表情和语调，并且能够对成人的一些手势和简单的指示做出相应的反应，例如，成人大声呵斥或者做愤怒的表情，婴儿就会号啕大哭；成人对他微笑、赞美，婴儿也会配合地微笑、开心。

2. 1 岁左右为单词句阶段

这个阶段，儿童说出的句子由一个单词构成，随不同的语言环境而：有不同的意思。例如，"妈妈"在儿童语言中可以表示"妈妈抱抱我""妈妈回来了""妈妈我要吃饭"，等等，又或者"橘子"可以表示"那是一个橘子""我要吃橘子""给你吃橘子好不好"等。单词句阶段通常延续半年时间。

3. 1 岁半以后为双词句阶段

双词句，又称电报句，是由两个单词组成的不完整句，有时也由三个词组成。它具备了句法的基本成分，如主语、谓语和宾语，但使用中仍常被简略、间断；结构不完整，主语、谓语和宾语三部分经常性被遗忘掉其中的一部分，因此称为"双"词句。双词句有两种基本的组成形式：① 是围绕着主词展开的句子，主词外加上一个动作、一种属性或一种状态，如"宝宝手""娃娃掉"等，被称为"主词句"；② 是不使用主词的陈述，只是表示一个动作，如"吃饭""上街""踢球"等。

这个时期，婴儿学说话的积极性很高，认识周围事物的好奇心也很强烈，父母应该在日常生活中创造各种机会鼓励婴儿说话，以表达自己的需要和情感。父母对孩子的表现要积极应答，在宝宝说出词的时候，可以拿着相应的东西并给他说出完整的句子，刺激宝宝的语言中枢。

4. 两岁半以后为实词句阶段

实词句只用实词,不用虚词,字数可以超过两个。例如,"爸爸打""妈妈抱抱"等。

5. 五岁左右为成人句阶段

这个阶段,儿童语言的习得过程已基本完成,能够正确完整地表达自己想要说的。

三、学前儿童语言教育观应遵循的教育观念

（一）学前儿童语言教育目标

培养儿童的语言能力是学前儿童语言教育的总目标,也就是要培养儿童对语言的理解能力还有表达能力。学前儿童语言教育目标分为倾听、表述、欣赏文学作品、早期阅读四大部分,每个部分都包含认知、情感与态度、能力与技能三个方面。根据语言教育目标确定教育内容,是把教育目标中的各部分、各方面要求转换为儿童学习语言的内容,使儿童通过多种多样的学习获得语言经验。这些内容有些是专门为学习语言而设计的,有些则是在其他活动中将语言教育内容渗透其中。语言教育目标和语言教育内容并不是完全对应的。

（二）不同活动领域的特点

学前儿童是通过多种多样的活动进行学习而得到发展的。不同领域活动各有其不同的特点,其中的语言学习内容也各不相同。儿童获得的语言经验有相同之处,但也各具特性。在科学、数学、美术、音乐等领域活动中,都需要教师用语言来指引儿童进行观察,儿童要听懂教师的指导语言,并有序地观察；同时也要求儿童要会用语言表达观察的情况和结果。但由于观察的对象不同,表达的方式有所差别,儿童所获得的语言经验也就有所不同。

（三）学前儿童语言发展的特点

在非语言交际向口语交际转换过程中,儿童需要学习听说轮换、及时反馈,对词语的理解和应用,构词成句、表达意思三方面的内容。在从运用口语逐步地向书面语言学习进行转换的过程中,儿童需要学习和了解口头语言与书面语言之间的关系与区别,以及接触到识字教学两方面内容。也就是说,儿童要理解说出的话与写出的字之间的关系,对不同字形的辨认以及对字形结构的分析。

四、全语言教育观

全语言已是国际幼儿语言教育的代表性理论，并在美国、加拿大等国引起了教育改革运动，成为幼儿及小学课程的一股潮流。语言是完整的、整体的，不可分割成孤立的语音、字、词和句子片段；语言的学习也是完整的，应包含对学习者个人有意义的语言，而不可被划分成内容或技巧的部分；语言的学习应在完整的情景、真实的言语实践中，在完整的语言观的统领下，通过整合的语言学习逐渐建构起来。研究全语言将为我们更好地理解我国幼儿语言教育提供理论基础和可以借鉴的实践模式，并发现其对我国幼儿语言教育的启示。

（一）全语言教学理论的理论基础

全语言理论受主张自然的、以儿童为本位的教育哲学观、主张整体化的课程观、儿童语言获得理论及生成读写的影响，尤其是后两者对全语言的形成与发展影响较大。

1. 主张自然的、以受教育者为本位的教育哲学观

卢梭认为教育应以受教育者为本位，顺应自然。裴斯泰洛齐主张教育应让受教育者获得直接的经验，使其各项能力得到自然均衡的发展。弗洛贝尔认为教育的功能在于引导受教育者天赋能力的发展，发展其内在的本性与潜能。杜威主张教育的本质就是生长，教育应依照受教育者的兴趣与能力来培养，并注重在"做"中"学"。

2. 儿童语言获得理论的含义 "儿童语言获得理论"认为语言的获得是一个建构的过程，这个概念为全语言教学提供了坚实而可靠的理论基础。该理论认为语言的获得既需要先天的语言能力和一定的生理成熟与认知的发展，更需要在交往和互动中进行；儿童是积极主动的语言建构者，语言既不是天生的，也不是学习得来的，而是在儿童的当前认知机能与当前语言和非语言环境相互作用的过程中不断建构的；语言获得和通过语言学习是统一的。

3. 主张整体化的课程观

对全语言课程的整合观有很大影响的是杜威的课程观点。杜威认为学校应重视课程整体化教学，应把幼儿所学的科目联系起来，并按照这些科目在现实生活中发生联系的方式来组织。

4. 生成读写

新西兰学者玛丽·克雷在 1996 年第一次将"生成读写"一词在其博士论文

《生成的阅读行为》中提出。持生成读写观的研究者认为"生成性"这个词很好地体现了生成读写的核心精神：成为能读会写的人是一个连续的生长过程。古德曼曾将这个过程形象地比喻为"不断成长的大树"。

生成读写的主要观点如下：① 读写发展是一个社会历程，人际互动关系是儿童早期读写发展的社会基础；② 儿童学习读写和学习口语一样，是在生活中进行的；③ 阅读和书写相互关联而进行发展；④ 儿童是读写学习的主动参与者和建构者。

（二）全语言教学理论的特点及其内涵

1. 真实性

真实性是全语言的本质，包括语言本身的真实性和语言学习的真实性。

（1）语言本身的真实性

全语言认为传统的语言教育提供给儿童的是属于他人经验的语言，与幼儿的实际生活不相干，不具有任何社会功能；应提供给儿童属于自身经验的、与其自身相关的、具有社会性功能的语言。

（2）语言学习的真实性

在全语言教学中，全语言教师采用的是来自生活的各式各样的真实材料，并让幼儿在参与阅读及写作的真实情境里，自然地学到阅读及书写的概念。在全语言课程中，这种真实性主要表现在让儿童在各种活动中，特别是游戏中自然地获得语言。

2. 完整性

（1）语言本身的完整性

全语言理论认为学习语言首先要保留语言本身的完整性，传统语言教育由下而上的学习观（学会了每一个部分，就学会了整体）强调学习语言的细节，而忽视沟通的意义。因此，全语言教学过程提供给儿童完整的语言材料，例如，完整的句子、文章、语言事件的对话等，强调通过完整的文学作品来陶冶儿童的情操，使儿童获得完整信息及完整文章的概念。

（2）语言学习历程的完整性

全语言教育家认为听说读写的发展是不可分割的，是完整的过程。例如，古德曼曾指出所谓必须先学会阅读，然后才能学习其他事物是一种错误的说法。

儿童借着语言学习各项事物的时候，同时也学会了听说读写，以及语言本身的形式结构。这三件事同时发生，而且发生在真实的语言事件中。因此，全语言教学过程让孩子因为需要而从事听说读写的活动，从而进行整体教学。

3. 建构性

全语言教学的基础是建构性。全语言教学理论认为儿童读写的发展是充满活力的建构性历程。例如，全语言教学过程中没有一套适用于所有孩子的"固定思维"的写作课程。全语言教师欣赏"孩子们正在建构书写"的行为，他们确信儿童出现的错误是儿童自然发展和成长过程中的一部分。"幼儿经过适当的阅读和书写课程，一定能学会传统的拼字及书写，而自己的职责就是接纳在各个写作发展阶段的孩子，视他们都是小小作者，提供时间及材料，为小小作者准备一个互动环境，协助儿童自己去学习并创造，而不是直接去教他们写什么、如何写。"再如，全语言教学中的各种活动区，特别是图书区与书写区的安排也都体现了建构的观点。全语言教师将图书区安排成受幼儿欢迎的、生动的社会场所。让幼儿在其中和书本或故事书互动，借此来协助幼儿探索阅读材料。对书写区的安排来说，全语言教育者认为一个成功的书写区最重要的本质在于书写的理由，不仅止于物理情境的布置（要能协助幼儿成为小作者），还要能让教师与幼儿互动。

4. 建立以儿童为本的全语言教育

全语言的出发点是以儿童为本位。①全语言认为应让儿童拥有语言学习的自主权。全语言教育者认为要做到这一点，除了要让学习者感到语言学习是具有个人意义的、有用的、有趣的，还要让学习者有使用语言的自主权。他们可以决定使用语言是为了什么目的、如何去使用及何时使用等，而教师也应尊重幼儿的这些权利。②全语言认为应尊重儿童的个别差异，如他们是谁、来自何处、说话的方式、阅读的内容及入学前的经验，等等，特别是儿童语言发展的个别差异。教师不能对儿童进行苛刻的行为修正或严格训练，将他们变成长相、行动和说话等都一样的儿童。③全语言提倡对儿童进行纵向的评价。全语言教师会在非正式的情况下观察并做评价，将观察结果作为评价和修改教学计划的依据，同时也帮助儿童发展自我成长的评量，让他们明白自己的语言使用是不是成功。再如，给那些常常焦虑"孩子是否学到基础技巧"的家长、教师看孩子的写作作品以及孩子阅读的光盘，或邀请他们直接观察孩子的进步。他们认为这样可以帮助家长、教师了解孩子所犯的错误正显示出他们背后的能力、发展中的长处及全语言的效果。

5. 全语言教育观的内涵

全语言教育观的基本内涵：强调学前儿童语言教育目标应当是完整的，学前儿童语言教育的内容应当是全面的、完整的，学前儿童语言教育活动应当是真实的、形式多样的交流情景等三个方面。完整的语言教育观提倡自然、完整的语言学习，认为应重视语言能力，而非孤立的语言技巧，强调语言的交际意义；强调真实的语言情境；强调语言不是独立系统，而是和认知、情绪、经验、学习欲望等密切相连。理论依据：①语言是工具性和对象性的统一；②语言是口头语言与书面语言、日常生活语言与文学语言的统一；③语言是形式与功能的统一。

（三）全语言教学理论在课程中的运用

1. 游戏

游戏是全语言教学课程最实质的部分。在全语言教学中，整合式主题单元教学实践活动主要是在游戏时间进行的，游戏是全语言课程的重要实施环节。全语言教师每天都会为孩子安排自由游戏的时间，并且孩子从开始一整天都能自由游戏。全语言教师一般都会在作息表上标出游戏时间。在保证游戏时间的前提下，全语言教师认为最重要的是要为儿童创造一种从容不迫、支持性的游戏气氛，并在必要时积极投入其中，支持、鼓励、引导儿童游戏，让儿童在游戏中进行建构性的学习。全语言教育家特别指出除了保证充裕的游戏时间以及有成人（教师）鼓励游戏者以外，还可以通过在游戏时间增加书写材料为幼儿提供更好的全语言环境。如：

儿童入园时段增加读写材料。如孩子早上来园时段可以使用出席板，在孩子名字旁边放上一个小衣夹，或者教师可以在一个海报板上面贴上放图书卡的小口袋，每个口袋外面都印有小朋友的名字，孩子们可以把他们的名字放在这个小口袋里，这种方式可以让幼儿练习阅读自己的名字。全语言教育家认为随着孩子来园时读写材料的增加，孩子们渐渐能把阅读与书写视为一天中一个自然的开始。

在户外游戏时段增加读写材料。全语言教育家指出儿童功能性书写的需求，尤其是做表格及书写指示的需求会延伸到户外游戏中。例如，一个小孩发现了展现自己权威的新方法，他写下玩篮球的规则，并把它贴在篮球架的背面。总之，全语言教师会竭力创造读写的游戏环境，以自然地促进孩子读写的发展。

在自由游戏时段增加读写材料。例如，研究者观察到在烹饪区增加食谱及蛋糕装饰的书籍后，幼儿会注视书中的图画，念一些常见的名词（例如蛋糕、面包），然后翻阅食谱假装在阅读。

2. 主题式单元

全语言教学的课程是以主题式单元为核心架构的。所谓主题式单元，即是以儿童的兴趣、需要及发展为出发点选择、确定主题，依照主题为中心来安排一天的作息，将主题融入各时间段和活动内，并以主题来统整不同领域的活动、安排课程。主题可以是文学的、科学的、艺术的、人类的、社会的、物理的，或结合数种为一单元。主题式单元发展的儿童读写经验包括分享式的写和读、朗读和反应、独立的读以及独立的写。

这些经验呈现在集体活动、分组活动、个别活动和游戏活动的课程架构中。整合式的主题单元能够让幼儿在学习各领域知识的同时，将语言整合入学习活动中，从而使语言学习和通过语言学习达到统一；为幼儿提供机会选择真实又相关的活动，让幼儿参与计划、从事建构性的研究活动，从而融入一个完整的探索研究的活动气氛中；同时，主题提供调查语言使用和认知发展的焦点，从而让儿童把学到的知识视为整体的一部分，而不是在一个学科领域下支离破碎的信息。因此，可以说，这种整合式的主题单元充分体现了全语言的真实性、完整性、建构性和以儿童为本位的特征。

3. 善于利用小组活动时间进行教育

在全语言教学中，"小组活动对孩子来说，就是分享时间、说话时间、咯咯笑的时间；对教师来说，它是一个为孩子探究新主题、娱乐、给予新知以及启发好奇心的时刻。教师利用小组活动培养孩子的群体意识，安排一天中的特定活动，或是分享和主题有关的知识和新资讯"。小组活动通常为 20 ～ 30 分钟，但由于全语言教学以儿童为本位，所以其时间长短和互动形态都是为孩子设计的，会随着年龄及孩子的兴趣与能力不同而有所不同，是一段弹性的时间。

全语言教师认为最重要的是小组活动为孩子们提供了舒适地坐在一起成为一个班级团体的时间；在这段时间内，孩子学会通过积极参与倾听并回应教师的指示以及和其他小朋友互动、沟通，这种互动与沟通为儿童语言发展提供了无限可能性。因此，全语言教师把小组活动看作一段促使幼儿成为倾听者、谈话者、阅读者以及书写者的宝贵时间。例如，当孩子们坐好，小组活动的开头歌曲结束之后，许多全语言教师就开始征求一些新闻报告来引导孩子说话。孩子可能会做一个气象报告，或展示一些自己的或家人的新物品，或是宣布当天教室里安排的特殊事件。全语言教师认为在这一过程中，虽然无法强求孩子成为良好的倾听者，但的确可发展孩子的倾听能力，同时孩子一边把教师看成沟通的模范角色，一边学习组织自己的思想和向他人报告信息的方法，发展自己的谈话能力。

幼儿期是人的一生中语言发展与运用的关键时期。乌申斯基曾说："语言是一切智力发展的基础和一切知识的宝库，因为对一切事物的理解都要从它开始，通过它并回复到它那里去。"由此可见，语言教育在个体发展中起着至关重要的作用。全语言教学理论作为一种基于多种教育学、心理学、儿童语言获得理论综合而成的、内涵丰富的语言教育理论，对我们当前的幼儿语言教育理论不无启迪。

五、幼儿教育整体观

（一）整体观及其意义

1. 整体、整合的基本含义

整体是与部分相对的，它是指由若干对象组成的、具有对象在分离孤立状态时所没有的新质的统一体。整体从紧密到松散有不同的类型，组成整体的各部分之间不同的联系状况，对整体类型的形成有重要的影响。系统整体是整体的理想类型。系统整体所具有的质不同于系统各要素具有的质，系统整体大于它的各部分的总和。

整合，也称综合，是把不同类型、不同性质的事物组合在一起，使它们成为一个整体。因此，整合是整体形成的环节和过程。整合的核心是联系的建立。有机联系是联系的最高层次，有机联系的建立是良好的、系统的整体形成的关键。强调幼儿教育整体观，就是要对幼儿教育的各要素进行多样化、多层次的整合。

无论幼儿教育作为人类的一种活动，还是作为一种社会现象，它都是一个有机的整体。幼儿教育应该充分协调多种资源、多方面的教育影响，调动多方面的积极性，使幼儿教育形成一个系统，使各种因素发挥整体的影响，以提高幼儿教育的成效，有效地促进幼儿的发展。在现实的幼儿园教育实践中，幼儿教育作为整体，有些较为系统，有些则是比较松散的，幼儿教育的这些现象均与组成幼儿教育的各要素之间的关系性质有关。组成幼儿教育的各要素联系越紧密，幼儿教育作为一个整体就越系统。坚持幼儿教育的整体观，就是坚持幼儿教育的系统观和效益观，使幼儿教育形成一个良好的系统，不断提高幼儿教育的成效。

不同教育阶段对整合有不同水平的需要，有些教育阶段的教育要素只需部分整合，甚至还要求有所分化。幼儿教育是以 3 ～ 6 岁的幼儿作为对象的教育。幼儿的身心发展特点和学习特点决定了幼儿教育必须是整体性的教育，幼儿教育需要高度地整合。幼儿心理发展水平决定了幼儿对事物的理解往往是粗浅的、表面的，幼儿的概括能力还很低，对幼儿进行的教育不能过于分化。幼儿又是通过生活及其他活动来学习的，这些活动尤其是生活活动往往是综合性的，涉及多方面的学习内容，具有促进幼儿多方面发展的价值。因此，对幼儿教育而言，尽可能地加强教育的整体性是符合幼儿学习的特点和需要的。

2. 幼儿教育应当以整体观为基本

幼儿教育的整体观是对幼儿教育整体性、系统性的基本看法。《幼儿园教育指导纲要（试行）》明确指出，幼儿园教育活动的组织应注重综合性、生活性和趣味性。如何体现《纲要》的精神，如何使幼儿教育真正具有整体性，这就要求我们要有系统、整体的思想，形成幼儿教育的整体观，并努力实践以下观念：幼儿的发展是整体的、全面的，幼儿教育应注重整体性和全面性；幼儿一日生活中的各项活动都对幼儿的发展有重要价值，应有机地整合各项活动，努力提高各项活动的整体成效；幼儿园课程的内容可以相对地划分为一些领域，应充分挖掘和利用各领域内部及各领域之间的内在联系，对课程内容进行合理的、有效的整合，幼儿园教育的内容可以并应该有其他的划分和整合方式；幼儿园、家庭及社区有丰富的教育资源，应充分发挥各种教育资源的整体性影响；

幼儿园课程实施的方法、形式及手段丰富多样,应有机地、综合地利用这些方法、形式和手段。

幼儿教育的整合最终应该也必然会落实到具体的课程实施过程之中。在此,有必要明确两个概念:其一是课程整合,也称课程综合;其二是综合课程。

课程整合是一种课程设计的技术或行为,而综合课程是一种课程的模式。我们倡导课程综合,是强调课程内容的有机联系,使课程内容成为一个有机的整体,注重教育影响的整体性,而不是全面地、普遍地倡导选择或建设综合课程,因为课程模式的选择必须是现实和历史的有机统一,所以必须从幼儿园课程的现状和条件出发。但是,根据《纲要》的精神,所有的幼儿园都应该树立并努力实践整体教育的观念,努力整合多种教育内容、教育形式或方法,发挥各种教育因素的整体影响,努力提高教育质量,以更好地促进幼儿的发展。

(二)幼儿教育整体观的意义

整体观对于幼儿教育的意义有以下三个方面:①整体性教育是符合幼儿身心发展的特点和规律的,符合幼儿学习的特点和规律。强调整体教育观有利于引导真正符合幼儿身心发展特点的教育。②整体性教育在实践中收到了较为显著的成效,强调整体教育观有利于推进幼儿教育质量的提高。③在一些学前教师的观念中存在着很多与整体教育背离的观念,在幼儿教育实践中存在着不少与整体教育背离的现象,强调整体观有利于纠正观念、改善实践。

(三)幼儿教育整合的层次和内容

幼儿教育应针对系统中众多的因素加以整合,进而形成一个有机体。幼儿教育的整合应该是系统的整合,只对局部的要素进行整合,往往难以取得应有的成效,甚至整合往往会流于形式,而不是实质的整合。

1. 将观念进行整合

观念的整合就是观念的联系和渗透。幼儿教育应关注多样化的观念,并注意这些观念之间的相互联系,避免机械地、片面地理解某些教育观念。有整合的观念,才会有真正整合的教育。教育观念的整合是先导性的整合,只有充分整合各种相关的观念,形成一种与教育整合有关的观念体系,才能有效地进行整合。

2. 将目标进行整合

教育目标是教育所要达到的最终结果。教育目标在表述时，可能会划分为不同的方面。如《幼儿园教育指导纲要（试行）》中把教育目标划分为健康、社会、科学、语言及艺术五个方面。除了这种划分方式外，还有体、智、德、美或运动与技能、认知及情感等归类、划分的方式。不管哪种归类、划分方式，都是对整体发展的相对划分，这种划分只是为了使我们在考虑教育目标时不至于笼统、无序。任何一种划分都存在对整体发展分隔的问题。这种分隔对年龄较大的学习者来说是必要的，分隔能使学习内容分化、深入；但对年幼的学习者来说，分隔是不得已而为之的，是应该在现实的教育活动中加以弥补、还原的。因此，教育目标的初始形态并不是割裂的，要使教育深入和具体化，有必要对教育目标进行适当的划分，但这种划分不应只是单一领域的目标细化和分解，还应是多领域的、有机的、整体的层层推进。教育目标从总体的目标到现实的活动目标应该是一个整合—分解—整合的过程。

目标的整合是教育整合的基础。目标的整合直接影响教育内容的整合，进而也影响教育内容、方法和形式的整合。

3. 将资源进行整合

教育资源的整合是与教育内容紧密相关的，教育资源中蕴含了多种教育内容，对教育资源的整合有利于教育内容的整合，有利于拓展幼儿教育的空间，丰富幼儿教育的形式、方法和手段。幼儿园、家庭、社区都有丰富的教育资源，应充分地加以运用，并进行有机的整合，使它们真正协调一致地对幼儿的成长产生积极的、有效的影响。

4. 将内容进行整合

幼儿教育整合主要表现在教育内容的整合，也是一种最基本的整合。幼儿教育的整合最终总要体现在内容的整合上。课程内容的整合是以目标的整合为前提的。教育内容整合的主要表现是使同一个领域不同方面的内容、不同领域的内容之间产生有机的联系，甚至可以突破"领域"这一内容组织形式。内容的整合最终应落实到具体的教育活动之中。内容的整合性会影响到活动的整合程度。

5. 通过方法、形式及手段进行整合

可以在课程设计的过程中进行方法、形式及手段的整合，也可以在教育活动展开的过程中进行，但较为重要的是在现实的教育活动中进行的整合。方法、形式及手段的整合需要教育实践的经验，需要对幼儿活动水平的洞察能力，需要教育活动组织的应变能力。对教育活动方法、形式及手段的整合是确保教育整合取得应有成效的关键。方法、形式及手段的整合以提高教育的成效为目的，要避免方法、形式和手段的单一和刻板。

6. 将发展进行整合

幼儿教育整合中的核心是幼儿发展的整合，是其他各项整合的出发点和归宿，只有实现了发展的整合，才能促进幼儿整体的发展。幼儿教育整合中的每一项整合都应关注幼儿发展的整合。发展整合的实现是使整体性目标从可能转化为现实。

（四）幼儿教育整合的策略

1. 一日生活是幼儿教育的一个整体

幼儿的一日生活包括了多种多样的活动。这些活动可以大致分为专门的学习活动、游戏活动及生活活动。这些活动在幼儿的发展中都具有特殊的价值，也是幼儿园课程实施不可缺少的环节。因此，幼儿园课程的实施应关注幼儿一日生活中的各类活动，并注意各类活动之间的有机联系，发挥这些活动的互补作用，做到在生活中学习，在游戏中学习，学习联系生活、利用生活，使一日生活成为一个真正的教育整体。

专门的学习活动是幼儿园课程实施的基本途径。这些专门的学习活动应把情感、认知、运动技能等方面的发展相结合，将计划的学习情境与变化的学习情境结合起来，将教师的指导与幼儿发现、探究和体验结合起来，将先前的活动与当今的活动和将要进行的活动结合起来，将室内的学习活动同室外的、园外的学习活动结合起来，使各种学习活动产生多维度的联系。避免学习活动目标单一、内容单一、形式单一的现象，避免各种活动之间出现封闭、割裂甚至抵触的现象。

生活活动是幼儿园活动的重要组成部分。用餐、晨间锻炼、散步、就寝、日常劳动等都是与生活直接关联的活动。对于幼儿来说，身体的发展、基本的生活习惯和生活能力的形成是最为重要的目标。所以，生活活动在幼儿园课程中占据重要的地位是幼儿园课程的一个重要特质。生活活动对幼儿的发展有特殊的意义。现实生活具有对课程内容的渗透作用、综合作用，生活就是一项综合性的活动，生活活动中包含了多领域的丰富的教育内容。

游戏也是课程内容整合的重要方式之一。游戏对幼儿发展的价值从来就不是单一的。智力游戏绝对不可能只发展智力。幼儿会把广泛的生活内容反映在游戏活动之中，也会把丰富的学习内容反映在游戏之中。游戏不只是教学借助的一种手段，游戏更有它自身的价值。作为课程实施重要活动之一的游戏，应充分发挥幼儿在游戏中的主动性和创造性，鼓励幼儿参与多种游戏，鼓励幼儿在游戏中反映生活，为幼儿在游戏中运用和发展学习到的知识及能力提供机会和条件。

2. 注意教育内容之间的整合

课程内容之间的联系是人们经常关注的方面。内容的联系和整合的本质目的往往不在内容本身，而在于通过内容的整合，促进幼儿的整体性发展、和谐发展。内容的整合涉及两个层面：一是课程中前后内容之间的联系，即内容的纵向联系；二是不同的、相关的内容之间的联系，即内容的横向联系、整合。课程内容联系和整合的形式很多，在此主要讨论领域内教育内容的整合、领域间教育内容的整合和超领域教育内容的整合。

领域间。不同领域的课程内容之间需要整合。领域是对课程内容的相对划分。领域的划分必然要割断不同领域间某些固有的联系。我们在课程设计和实施的过程中，要注意恢复不同领域内容之间的一些固有联系，将某些内容还原成整体的、联系的状态，并尽可能发现和挖掘领域间新的、更多的联系线索。这种联系的发现和利用不是为了使领域消失，而是为了使不同领域相互联系，使幼儿园教育发挥更大的整体性功效。领域之间的整合有多种水平，有两个领域之间的整合、多个领域之间的整合；有领域之间的零星联系、多点联系和密集联系。在一个课程中，不同的领域间联系和整合的水平可能是不同的。

领域内。相对于学科而言，领域已经对教育内容进行了一定的整合。领域是在学科的基础上的一种内容组织体系，领域本身就是整合的结果。因此，领域的内容必然比学科的内容整合程度大。但这并不意味着领域的内容已不需要整合。从当前我国幼儿教育的实践来看，要使领域真正成为领域，必须加强对领域内内容的整合。每一个领域的教育内容应该是一个相对独立的体系。但在一个领域中，教育内容又可以做相对的划分。如在科学领域中，有关于自然界的内容，有关于科技的内容，有关于数学的内容，这些内容有一定的独立性，甚至已自成体系，但在现实的课程中，应努力使这些内容之间尽可能地相互联系、有机结合。如，关于动物的知识经常与关于植物的知识联系在一起，有时又跟一定的地理条件、气候条件联系在一起，甚至还跟科技联系在一起，其中也很可能有分类、数量等数学的内容。对于我国大部分的幼儿园来说，课程的整合首先应该关注的是领域内的整合。

超领域。在我国当前的幼儿教育实践中，有一些课程并不是以领域的形式加以组织的。这些课程对课程内容进行了高度的整合，已经超越了领域，在这种课程中，已经看不到特定领域的存在，不同领域的内容都围绕一个核心整合在一起。这种课程一般称为综合课程、整体课程或整体性课程。也有的课程方案从具体的组织形式上考虑，分为主题课程、单元课程；从课程类型的角度看，它们都属于核心课程。

任何课程都有整和分的两面性。综合课程在把不同领域的教育内容联系起来的同时，其主题和单元有可能又把领域中不同内容之间的逻辑上的顺序或内容的前后联系割裂了。我们很难做到前一个主题的内容刚好是下一个主题的基础，下一个主题的内容恰好是前一个主题的延伸和继续。也许我们经过努力可以使前后主题之间的内容尽可能地相互联系，但是不同主题和单元之间的割裂还是会存在的。如果某一个综合课程方案中所谓联系是拼凑的、无机的，又牺牲了内容的前后联系，那么，这样的综合必定不如领域课程。

从这个意义上说，课程的选择是一种整合形式和割裂形式的取舍。解决这个问题的关键是我们可以选择一个判断这两种课程组织形式的标准，具体地说，就是整合什么更重要。由于人们发展观的不同，课程观的不同，知识观的不同，所以对应整什么和分什么会有不同的看法。这也许正是目前我国幼儿园课程多样化的原因之一。例如，有些人认为，接受系统知识的教育很重要，应尽可能注重知识的逻辑。也有人认为，对于幼儿来说，重要的是对内容感兴趣，只有当幼儿愿意学，才可能学好。要让幼儿愿意学，就应从幼儿的现实生活出发，从生活中学习，课程应反映现实生活，尤其是幼儿感兴趣或幼儿现实参与其中的生活。不要把知识人为地做学科划分，而是应综合地学习各种知识。

在如何综合的问题上，综合课程的研究和实践者一直在探求综合的机制问题。与综合有关的课题有两个：主题的来源及性质和主题的性质。

主题的来源主要有以下几种，不同的来源决定了不同的性质：① 领域，即主题是以一定的领域为基础来设计的。如"冬天的动物""美丽的春天""夏天的水果""新年到""我们做朋友"等。这些主题明显地与特定的领域有关，以某一个领域的内容为主，但在主题的设计和实施过程中，又不只限于某一个领域。这类主题在我国幼儿园课程改革和发展的实践中，经历了一个不断发展和完善的过程。其基本的发展趋势是从主要或较多地涉及单个领域的内容发展到涉及多个领域的内容。② 是社会生活事件和幼儿自身的生活事件，主题的设计围绕这些具体的事件加以展开。如"交通事故""运动会""台风来了""出血了""新朋友""送别好朋友"等。这些主题均是发生在社会生活中或幼儿自身生活中的真实事件。围绕这些主题设计和组织的活动可能以某一领域的内容为主，同时涉及多个其他的领域，这类主题往往更有生成的空间。③ 是人们专门提炼和概括的一些现象和过程或原理。如"变""熟了""原因"等。这些主题是开放的，本身并不包含确切的内容，但可以容纳不同领域中很多相关的内容。主题内容的选择就是围绕这些现象和过程进行的。④是文学作品。文学作品作为主题的来源不同于领域作为主题的来源。文学作品本身就涉及艺术和语言两个领域，而文学作品尤其是故事、寓言等，其具体的内容往往是与科学、社会等领域紧密相关的。文学作品中的事件、人物、道理、物品、场景等都是主题内容生成的线索。

主题的性质取决于主题设计时设计者的立场。一个主题确定以后，有的设计者是站在领域的立场上来考虑主题的内容的，基本的做法是从不同的领域中选取与该主题有关的内容。在此基础上，有的对来自不同领域的内容进行一些整合，有的不加整合，从而出现主题内不同领域的内容堆积现象。有的虽有主题，但每周还是有固定的以领域为划分方式的课表。也有的设计者在主题确定以后，首先是分析主题所包含的核心内容，根据对核心内容的分析，确定主题展开的基本线索，然后再顺着这些基本线索确定主题的具体内容，形成所谓的主题网络或主题树。由此可见，这类主题的设计和展开并没有以领域为依据，但主题的具体内容必定是与领域有关的，只是这些具体内容可能涉及的面宽窄有别而已。以上三种内容整合形式不能笼统地评定它们的优劣。对于不同的幼儿园来说，适宜的、经过努力可以采用的、对特定的幼儿的发展来说是最有效的形式就是最好的。因此，幼儿园采用哪种水平的内容整合方式，应从幼儿园的现实出发加以选择。此外，对许多幼儿园来说，内容整合的形式是多样化的，各种形式在一个幼儿园中可能被综合采用，以达成互补。从我国当前的现状来看，大部分幼儿园要取得最佳的教育成效，不可能采用单一的整合形式。

3. 在现实的、多样化的活动过程中实现整合

真正的教育整合应在现实的、多样化的活动中加以实现。要在各种现实的、具体的活动中实现整合，应关注以下几个方面：

注重活动目标、内容和方法等的生成。活动目标、内容和方法等的生成，从一定意义上说，就是目标、方法、内容、形式及手段等的整合，即把计划的目标、内容、方法、形式及手段等与非计划的、即时性的目标、内容、方法、形式及手段整合起来。活动的情境是经常变化的，与当前活动相关的信息在不断涌现，有些信息与当前的活动有紧密的联系，且对幼儿的发展具有重要价值，应充分加以利用。在活动过程中，教师和幼儿在不断发现新的活动线索，这些新线索能把活动不断引向深入。因此，活动的生成要求营造一个有利于生成的氛围，要求教师有一种生成意识、生成能力，对幼儿新的需要、新的兴趣、新的发现有接纳的态度。只有这样，活动的生成才能实现，计划的活动和非计划的活动才能整合，幼儿现有的经验才能与新的经验实现整合。

对活动的开发和创新。良好的活动应该是由目标、环境、内容、材料及方式、方法等活动的基本要素合理组合的，幼儿全身心投入的过程。一个合理整合的活动应该是各种活动要素有机结合的活动。如何才能使各种活动要素有机结合，实现真正的活动整合的重要途径之一就是对活动的开发和创新。活动的开发和创新不在于名称的新奇，不在于材料的花哨，而在于活动能真正引发幼儿参与的兴趣，在于能真正符合幼儿的需要，在于能引发幼儿的操作、探究和体验，在于能与幼儿已有的经验建立一定的联系。

由此可见，活动开发和创新的基础是对幼儿需要和兴趣的了解，对幼儿原有经验的了解，对幼儿现实生活的了解。在此基础上，从幼儿的学习特点出发，

充分挖掘和利用现实生活中广泛的教育资源，开发形式多样、具有趣味性的活动。活动应该能够引发活动各要素的有机结合，能够有效地促进幼儿的发展。应提倡让幼儿从事探索和发现的活动、观察和参观的活动、调查和访问的活动、查找和"阅读"的活动、交流和讨论的活动、感受和体验的活动，应避免只站在领域知识的基点上，无视幼儿的需要和兴趣选择和组织活动的现象。

六、活动教育观

福禄培尔的活动观思想贯穿其学前教育理论中，在唯心主义哲学观、本能论与自我表现论等理论的指导下，他认为儿童具有自我活动的本能。他将儿童的自我活动作为其幼儿园教育方法的基本原理，重视儿童的自由活动与游戏。其活动观的教学思想与现在"以儿童为中心"的思想一脉相承，为当代教育者认清儿童本质，重新审视儿童的自由性与自主性，促进儿童的主动生长提供了历史上的引领。

（一）活动观的思想渊源

福禄培尔关于学前教育的方式的基本原理是自我活动或自动性。他认为，自我活动是一切生命最基本的特性和人类生长的基本法则。福禄培尔还提出，创造性本能就是通过儿童的活动体现出来的，他明确提出了创造性教育目的的观念。他极为推崇佩斯泰洛齐的直观性教学原则，又提出自我表现是它的补充和发展。福禄培尔重视儿童的亲身观察，主张教育者给儿童提示正确的事物关联，让儿童正确地知觉并形成对事物的直观概念。他把游戏作为儿童内在本质的外向表现，高度评价了游戏的价值。他主张为儿童建立公共游戏场所，以培养儿童的民族社会美德。杜威高度评价了他的游戏思想，他说："游戏是如此地出于自然的和不可避免的，一直很少有教育著作家从理论上赋予它在实际中所占的地位，或者试图弄明白儿童自发的游戏活动能否提出一些可供学校采纳的启示。只有古代的柏拉图和近代的福禄培尔算是两个重大的例外。"福禄培尔深切地感受到儿童之间社交关系的重要性，认为由儿童自我活动导致的个性自我实现必须经由"社会化"的历程才能达到。只有通过与他人交往，才能正确认识人性。他要求儿童重视小组活动，复演家庭邻里生活，更好地培养幼儿的合作意识和爱心。他的主张成为后来美国进步主义幼儿园运动一个重要的思想渊源。

福禄培尔是 19 世纪上半叶德国著名的教育理论家和教育实践家，是近代教育史的集大成者，他继承和发展了先辈的教育思想，反对强制性教育，不仅创立了世界上第一所幼儿园，还确立了完整的学前教育体系。他坚忍不拔的学习品质和勇于实践的精神到现在依然是我们学习的榜样。他一生从事教育工作，亲自办学，登台授课。在长期的教学实践过程中，积累了一套行之有效的幼儿教学方法，并形成了自己独特的学前教育思想和学校教育理论。他的思想深受裴斯泰洛齐的影响，但是他在实践中又有所创新，以幼儿园和学前教育理论确立了自己在教育发展史上的地位。

福禄培尔把儿童的自我活动看作教育的出发点，因此，他充分肯定游戏和活动的重要性。他首次创办了幼儿园，使儿童从此有了专门的教育机构。由于福禄培尔对学前教育的特殊贡献，他被世人誉为"幼儿教育之父"，他的名字和幼儿园也紧紧地联系在一起。福禄培尔的活动观即引导儿童本身的活动，让儿童自己决定自己的行动，成人不加

以干涉，让幼儿借此来认识自己，知道自己的能力，辅导他们自我操练，通过他们的行动、工作，启发他们的潜在力量。也就是说，使儿童把内在的东西表现出来，一直到能由外在的事物引发内在的能力，使内外能统一。这些便是自然界的一切现象。福禄培尔认为活动的意义在于活动可以实现生命的"统一"，从根本上说，这种统一是"上帝的统一"。活动是认识事物的一种方式，是实现内部世界和外部世界统一的桥梁。

（二）活动观的表现

1. 活动可以通过游戏、作业、劳动等多种形式表现

福禄培尔在《人的教育》中强调儿童的主观能动性即儿童的自我活动，但是同时也把儿童的积极性与创造性理解为神的创造活动的表现。从福禄培尔的自然主义教育观来看，不仅游戏、作业体现了儿童的自主活动，而且学校的教育、教学也渗透着尊重儿童天性发展的思想。

游戏是幼儿的主要活动内容。游戏不仅是自我活动的表现，还是儿童创造力的表现，因此，福禄培尔非常重视游戏在儿童成长中的作用。儿童的创造性是通过活动表现出来的，而且游戏会直接影响儿童的生活、心情和教育。福禄培尔说："游戏是儿童发展的最高阶段（是这一时期人类发展的最高阶段），因

为游戏是内部存在的自我活动的表现（是由内心的需要和冲动而来的内部表现）。游戏是人在这一阶段最纯洁的最神圣的活动。同时，它是人的整个生活中所特有的，是人和一切事物内部隐藏着的自然生活中所特有的。"[1] 正是在游戏中，儿童最能表现出创造性和自动性，最能激发儿童内在的自发的力量和冲动。

为了让儿童更好地开展游戏活动，福禄培尔亲自为幼儿设计了一个从简单到复杂、从统一到多样循序渐进、合乎逻辑联系的游戏和作业体系，以及与此相配合的一套活动玩具。在触摸、玩耍球体、立方体或圆柱体的活动中，让幼儿辨别颜色、形状、大小，让他们自己搭建建筑物或玩具。让儿童在玩耍中认识事物，体验活动的力量。福禄培尔还主张提供贴纸板、折纸、彩色绳子、小木棒、小株、环圈等让幼儿进行各种各样的活动和作业。为了更好地开发儿童的主观能动性，福禄培尔还要求儿童进行各种劳动作业，如栽培植物、初步的自我服务，等等。

游戏既是活动的一种，还是各种自发的表现和练习活动。在福禄培尔看来，游戏是儿童心中自发的、自动的。"福禄培尔在解释何谓'自动'时指出，这是一种来自儿童个人兴趣，由儿童个人动机（愿望）决定并以儿童个人力量为基础的活动。"只有这种自由、自发的活动，才有利于创造性的发展。他认为，幼儿期儿童的自发活动有三类：①生命的模仿或实际生活诸现象的模仿；②学校里学到的东西或学校教学的自发应用；③各种精神借助各种材料来实现的完全自发的产物和表现。我们可以这样说，这些活动或游戏都是以内部生命、生命力和外部生活为前提条件的。

福禄培尔非常重视劳动活动在儿童成长中的价值，认为在儿童成长的各个时期，家长、教育者都应鼓励儿童做事、劳动，因为做事、劳动等各种活动是幼儿认识事物、认识自己的极好方式。同时，在生活和劳动中，活动是架构个体内部世界和外部世界的桥梁，而人进行活动、创造仅仅是为了使存在于人身上的"本精神"，在他自身以外以一定的形式表现出来，"在他看来，儿童活动本能是教育中的推动因素，因而是智力发展的基础。所以，他把做事和各种活动看作儿童生活中首要的东西"。

2. 活动贯穿儿童成长的各个时期

福禄培尔把人的教育分为四个阶段。

婴儿期。这一时期的活动以感官的发展为主，听觉器官首先得到发展，然后视觉也得到发展。为了锻炼婴儿的感官，他主张在婴儿的视线内挂一只晃动着的，关着一只活跃的小鸟的鸟笼。随着感官的发展，婴儿同时有规律地发展对身体和四肢的运用。

幼儿期。感官、身体、四肢的活动发展到一定阶段，儿童开始自动地向外表现内部本质，这标志着婴儿期的结束，幼儿期的开始。福禄培尔认为，幼儿期是通过自己的力量自发表现内在本质的时期。这是真正的人的教育的开始。这时的教育任务身体的保育减少了，智力的培育和保护却增加了。"游戏和说话成为这一时期的生活要素。"

少年期。主要是使外部的东西成为内部东西的时期，是学习期。这一时期应该让"儿童懂得事物的特殊关系和个别事物，以便他们以后能够引出内在的统一性"。学校是这一阶段最佳的教育场所，随着少年期的到来，学校教育就开始了。教育应该体现这种阶段性。儿童应当做些什么、学些什么，必须依据使儿童的行为与他的性格、内在愿望相一致的原则。所有的教学科目都要符合这一原则。如果我们从抽象的概念开始教授学科内容，那么这种教学在生活中就不会持续很久，因为它不符合儿童心理发展的特点。

3. 所有的课程都是由以活动的形式来展现的

《人的教育》中大篇幅地讲述了幼儿期儿童的教育，阐述了多样化的教学内容，同时设计了学校教育完整的课程体系。课程是学校教育的主要内容。福禄培尔认为，儿童的生理、心理发展特点是课程编制的立足点，因此，在选择课程内容和编制课程时必须考虑儿童的需要、兴趣、个性和经验。

福禄培尔设计的课程是与万物有神论、教育适应自然的原则紧密联系在一起的。儿童既要认识作为外部世界的自然，又要认识作为内部世界的精神。语言是沟通外部世界和内部世界的工具，活动则是沟通外部世界和内部世界的中介和桥梁。福禄培尔所要求的学校教育课程主要有以下四个方面：① 宗教；② 认识自然常识；③ 促进思维发展的数学；④ 语言。这些教学内容是被编排在活动中进行的。第一，活动符合儿童发展的生理、心理特点，能够调动儿童学习的积极性。第二，在活动中学习、在做中学是获得知识相对比较有效的方法。在福禄培尔看来，幼儿的活动主要包括以下几种：探索自然的活动；儿童的实际生活；自由活动；教师组织的教学活动。

（三）活动观的主要思想

福禄培尔关于幼儿园教育方法的基本原理是自我活动或者自动性。他认为，自我活动是一切生命的最基本特征，也是人类生长的基本原则。他注重儿童的亲身观察，还高度评价游戏的教育价值，把游戏看作儿童内在本质向外的自发表现。他还建立起一个以活动与游戏为主要特征的幼儿园课程体系，包括游戏与歌谣，恩物游戏，手工作业，运动游戏，自然研究，以及歌唱、表演和讲故事等。

1. 内化与外化的统一

我们可以借用简明心理学辞典中对内化的定义：个体将某种关系、观念、标准、态度等转化为自己内部的心理活动或心理因素的过程。

活动可以分为内在的和外在的，这两种活动不能独立存在。福禄培尔在论述各个时期的儿童活动时，也是从这两个方面来论述的。在婴儿期和幼儿期，其生理、心理发展的特点决定了这一时期的幼儿一般以内化活动为主。婴儿因为刚来到这个陌生的世界，对外部的环境和自己都不了解。而通过他对外界事物的探索认识后，知道了自己的手是用来拿东西吃的、可以抓握物体，嘴是用来说话的、吃东西的，明白了物体有硬的、有软的。

外化，即某种内部的心理活动被表现、投射或显现于外部对象的过程，如内部语言向外部语言的转化。而在学前后期和幼儿期，由于儿童生理、心理发展的逐步成熟和语言的形成，儿童已经具有一定的思维能力和意识，并逐步开始自主地进行各种活动。在这些外部活动中已经渗透着幼儿的思想、意识和思维。活动即是思想的展开和实现。同时，通过活动可以使儿童对事物、物体有更新的认识和想法，这种在活动中形成的新的知识会被重新整合入儿童已有的认识结构里面。从这一时期开始，儿童的内化活动和外化活动就相互交织地共同进行。婴儿期也存在这两种活动的交织进行，但那时还不明显。内化和外化在人的整个发展中是相互作用的，是个体心理成熟和发展的机制。福禄培尔正是认识到内化和外化这一心理机制，所以在儿童发展的不同时期，不同的活动内容才有不同的侧重。

2. 活动的组织必须以自由、自愿为原则

活动的展开要按照儿童的兴趣、儿童成长的自然天性而组织。活动的组织也必须遵循自由、自愿的原则，而自由也需由活动来展示、体现。福禄培尔说："所以，在良好的教育、正确的教学和真正的训练中，必须和应当必然唤起自由，法则唤起自决，外在的约束唤起内在的自由意志，外来的恨唤起内部的爱……为避免后一种可能和实现前一种可能，一切以规定的方式表现出来的东西必须顺应幼儿的本性和需要。"

依据福禄培尔的理论，儿童从一开始就应该按照他的天性、本性以正确的、恰当的对待，让他自由地、多方面地发展和运用自己的能力。福禄培尔的自然教育思想也含有中庸的意蕴。一方面他主张儿童多方面自由地发展自己的能力；另一方面他又主张不可过多使用一定的能力和肢体而牺牲或损害其他方面的能力。他反对父母过多地管制、约束孩子，他害怕由于父母过多的出于善意的不明智帮助最终害了孩子。他主张儿童从幼时起就应学习自己发现自己的各项能力，自由地活动，自动地行事，用自己的双手获取东西，用自己的双足行走，用自己的眼睛观察一切，使他的肢体均衡、不偏不倚。

3. 意识与活动的统一

福禄培尔认为："事物的内部实质，是根据人的内部精神对事物的外部表现来认识的。人的内部性质，人的精神以及事物和人的神的本质，也是从其外部的表现来了解的。"福禄培尔在组织幼儿活动时，不仅考虑儿童现有的发展水平和思想意识，并且在活动的过程中也激发儿童的思维意识。按照马克思对活动观的定义，我们可以看出，活动和意识是统一的、不可分的。活动是人的思想意识产生的根源，对活动的理解不能单独进行，而是要与意识相统一。并且，意识又是人活动的内在思维，是人进行活动的前提。在活动中产生的意识又会反过来影响活动的开展。

4. 所有的活动都是处于联系之中的

儿童围绕着自己或外界事物展开的活动都是出于相互联系之中的，全面地、联系地看待问题或者整体地考虑事物。

"这样，在儿童身上看到整个的人，人性和人的整体性是在儿童时期就已经出现了；人的整个未来的活动在儿童时就已经有了萌芽。这是唯一的真理，不能是其他的。如果我们要把人和存在于人中的人性当作整个未来发展的话，我们必须把儿童看成一个单位，把儿童的世界和生活都须揭露其多样性和继承性。同样，在儿童时期先后所呈现的能力和倾向、感官和肢体的活动，应该按照顺序予以发展。"

福禄培尔认为儿童本身具有自我发展、自我表现的天赋本能，而活动则是天赋本能的展开和实现。同时，以自由为原则的活动沟通人的主体和物的客体的中介和桥梁。他把活动贯穿整个教学和课程之中，对以后的活动观、活动课程和活动教育都有积极影响。

第二节　学前儿童语言教育的目标和内容

学前儿童时时刻刻在接受教育，时刻在养成习惯。幼儿阶段是品德和智力形成发展的关键时期，儿童在未来社会中发展的基石，特别是学前儿童早期的语言教育，在培养幼儿学习兴趣的前提下，引导儿童进行知识的学习，为儿童养成终生的学习习惯。学前儿童早期语言的教育应该根据教育发展规律，以及儿童身心成长的规律，对幼儿实施有计划、有目的的语言教育。

一、学前儿童语言教育的目标

（一）学前儿童语言教育的总目标

学前儿童语言教育目标是对学前儿童语言教育的目的和要求的归纳，是教育者实施语言教育的方向和准则。有了明确的目标，教育者才能在语言教育过程中有的放矢地选择适合学前儿童学习的内容，采用适当的组织活动方式，并能恰当而有依据地评价语言教育的效果。依据学前儿童语言教育目标是根据学前儿童保育和教育的总体要求而确定的，它是学前儿童教育总目标的重要组成部分。

《幼儿园教育指导纲要（试行）》中明确提出幼儿园语言教育的总目标为：

1. 乐意与他人交谈，讲话要有礼貌；

2. 注意倾听他人讲话，能够理解日常用语；

3. 能清楚地说出自己想说的事；

4. 喜欢听故事、看图书；

5. 能听懂和会说普通话。

理解《纲要》的语言教育目标，可以把幼儿园语言教育总目标划分为四大方面，即倾听、表述、欣赏文学作品和早期阅读，并且从以下几个方面对幼儿实施教育：

1. 鼓励幼儿大胆、清楚地表达自己的想法和感受，尝试说明、描述简单的事物或过程，发展思维能力和语言表达能力。以一定的语言内容、语言形式以及语言运用方式表达和交流个人观点的行为是幼儿语言学习和语言发展的主要表现之一。只有懂得表述的作用，愿意向别人表述自己的见解，并且具备表述能力的人，才能真正与人进行语言交际。

2. 注重培养幼儿注意倾听的习惯，提升幼儿的语言理解能力。倾听是幼儿理解和感知语言的具体表现，也同样是幼儿语言学习和提升过程中不可或缺的一种行为能力。只有懂得倾听、乐于倾听并且善于倾听的人，才能真正理解语言的形式、语言的内容以及语言运用的方式，才能掌握与人进行语言交流的技巧。

尽可能使幼儿接触优秀的儿童文学作品，使其感受到语言的美，并不断地通过各种活动帮助幼儿加深对作品的体验和理解。幼儿在学习文学作品中形成的综合语言能力能够增强他们对语言核心操作能力的不同层次的敏感性。因此要尽可能地给幼儿创造学习各种文学作品的机会。

培养幼儿对生活中常见的简单标记和文字等感兴趣。利用图书、绘画和其他多种方法，引发幼儿对书籍、阅读和书写的兴趣，培养阅读和书写技能。

（二）幼儿园语言教育的活动分类目标

1. 谈话活动的主要目标

谈话活动是培养幼儿在一定范围内运用语言与他人进行交流的语言教育活动类型，主要目标有：①帮助幼儿学会倾听他人的谈话，逐步掌握几种倾听技能；②帮助幼儿学习围绕一定的话题谈话，充分表达个人见解，培养幼儿口语表达能力；③帮助幼儿学习运用语言进行交流的基本规则，提高幼儿的语言交往水平。

2. 讲述活动的主要目标

讲述活动是以幼儿语言表述行为为主的语言教育活动类型，主要目标有：

① 培养幼儿感知理解讲述对象的能力；② 培养幼儿独立构思与清楚完整表述的能力；③ 帮助幼儿掌握语言交流的情绪度、调节技能。

3. 听说游戏的主要目标

听说游戏是采用游戏的方式开展的语言教育活动，主要目标有：① 帮助幼儿按照一定规则进行口语表达练习；② 提高幼儿积极倾听的水平；③ 培养在语言交往中的机智性和灵活性，锻炼幼儿迅速领悟语言规则的能力，迅速调动个人已有的语言经验编码的能力，以及迅速以符合规则要求方式表达的能力。

4. 早期阅读活动的主要目标

幼儿园的早期阅读活动是帮助幼儿接近书面语言的教育过程，主要目标有：① 提高幼儿学习书面语言的兴趣；② 帮助幼儿初步认识书面语言和口头语言的对应关系，懂得书面语言学习的重要性；③ 帮助幼儿掌握早期阅读的技能。

5 文学作品学习活动的主要目标

文学作品学习活动是通过欣赏文学作品来学习语言的语言教育活动类型，主要目标有：①要求幼儿积极参加文学活动，乐于欣赏文学作品，知道文学作品有童话故事、诗歌和散文等体裁；②帮助幼儿感受文学作品的语言美，培养他们对艺术语言的敏感性；③要求幼儿理解文学作品内容，学习用语言和非语言的表现方式表达自己对某部文学作品的理解；④要求幼儿根据文学作品所提供的线索进行创造性想象，并用口头语言表达自己的经验和想象。

（三）幼儿园语言教育的活动目标

1. 制订教育活动目标的原则

制定语言教育活动的目标是语言教育活动设计中最重要的一环，它的恰当与否将对整个活动设计产生决定性影响。为了使语言教育活动的目标能够起到龙头作用，教师在制订活动目标时应该遵循以下原则：

目标应着眼于学前儿童的发展。包含两层意思：①目标的制订应适应学前儿童已有的发展水平，符合学前儿童语言发展的规律；②目标的制订应将促进学前儿童的语言发展作为落脚点，落实到学前儿童对语言内容、语言形式和语言技能的掌握上。

活动目标的内容和要求在方向上应与总目标、年龄阶段目标相一致。活动目标要为阶段目标和终期目标服务，总目标和年龄阶段目标要通过一个个具体的活动目标落实在每个学前儿童身上。要根据学前儿童的年龄特征和发展水平，由浅到深、循序渐进地提出目标，使学前儿童从具体到抽象、从直接到间接地获得语言经验。

目标的内容应包含认知、情感态度和能力三个方面。①应涉及知识概念的学习，包括所获得知识的数量和种类，以及操作这些知识的技能和能力；②情感态度的培养，包括兴趣、态度和价值观等方面的变化；③能力的训练，包括组词成句的能力和在具体语境中运用语言的能力。

语言教育活动目标的表述应该采用特定的术语。教育活动目标通常可以用儿童学习行为变化进行表述。一个恰当的目标应能成功地向别人表达教师的教育意图，应便于观察者在活动后通过学前儿童的行为变化加以评价。

2. 幼儿语言教育目标落实过程中必须注意的几个关键问题：

（1）如何将一个高层次目标准确地转化为多个低层次目标。

（2）教育实践过程中，教师如何把握各个层次教育目标的内涵以及相互间的关系。

（3）教师如何根据目标来选择相应的教育内容，确定恰当的教育方法，从而确保目标的实现。

二、学前儿童语言教育的内容

（一）学前儿童学习语言的特点

语言学习是掌握语言符号并使语言符号与它所代表的事物建立联系的过程。儿童学习和掌握语言的过程是一个个性化、综合化的循序渐进的主动建构过程。

1. 儿童语言学习主要是其主动建构的

儿童学习各种语言符号及其结构组织方式的过程不是完全被动的。一方面，儿童对于周围人们提供给他们的语言范型进行着选择，只有一些他们能理解的、能模仿的语言范例，才会被他们所注意，并有意识地去练习；另一方面，儿童在直接模仿成人言语的同时，总在根据自己的需要进行着变通式的模仿，即将听到的句子稍加改动，变成自己的话讲出来。此外，儿童还通过自己的言行影响着周围人对自己的言行，也就是说，周围人向儿童提供什么样的语言，在一定程度上受儿童自身特点的影响。

2. 语言学习是一个综合化的过程

儿童学习语言时，必须要弄懂语言的含义，也就是要弄清各个语词代表什么事物、反映事物的哪方面特征、表达什么样的思想感情等。因此，儿童学习语言的过程往往和他们认识事物的过程相联系。

儿童可以通过日常交往以及各种教育活动、游戏等获得大量语言，这些语言的内容涉及儿童生活的方方面面，从儿童的家庭到幼儿园，再到周围社区，从儿童自己的身体特征和心理感受到周围他人的相貌、爱好和职业，从各种自然物或自然现象到人际交往和社会常识……可以说，语言领域的学习与其他领域的学习是紧密联系在一起的。

3. 语言学习是个个性化的过程

第一，每个儿童都在依据自己的经验和已积累的语言与周围人交往，并从周围人的话语中学习新词新句。第二，儿童比较喜欢谈论他们喜欢或感兴趣的事物，而儿童对事物的喜好和兴趣又极具个性，这使儿童对语言表达的兴趣表现出一定的个性特点。第三，不同儿童在语言学习的速度、效果等方面也表现出不同特点，不同儿童在运用语言进行交际的积极性方面也表现出不同的特点，因此，幼儿园的教育必须在顾及儿童全体需要的同时，照顾个别儿童的独特发展特征。

4. 语言学习是一个循序渐进、逐步积累的过程

儿童学习和掌握语音、词汇、句子都需要一个过程，从无到有，从不理解到部分理解，再到完全理解，积少成多。语言的学习很大程度上要靠积累，教师要多给儿童提供语言范例，多向儿童介绍各种各样的文学作品，以丰富儿童的语词经验。

（二）学前儿童早期语言教育的原则

由于学前儿童处于身体发育阶段，所以针对学前儿童的早期语言教育要遵循一定的原则，在不影响身体发育的前提下进行语言教育。这个时期的孩子易于激动，活泼好动，必须要保证足够的营养和充足的睡眠时间。

兴趣是学习最好的老师，有了兴趣，学什么都简单。对于学前儿童来说，他们正处于心智发育的阶段，很难规规矩矩坐下来听教师讲课学习。这个时期的很多小孩在学习时，注意力往往不在教师的课堂上，要么关注身边的物体，

要么想象脑海里有趣的事情。所以对于这个时期的儿童，游戏是最好的学习方式，将学习的知识内容融入游戏的规则中，让儿童在玩游戏的过程中不知不觉学习。更重要的是，早期语言教育的学习不能影响儿童心智的发育，没有兴趣的灌输会造成儿童心理上的厌学，对儿童今后的学习极其不利。

进行早期语言教育的同时，积极对学前儿童进行赏识鼓励。学前儿童也是一个独立的个体，我们要尊重孩子，关注孩子的各种行为，要保护孩子的自尊心和人格。当然，爱要有度，不能盲目无原则地溺爱，对孩子出现的缺点要予以指出，引导孩子进行改变。要多表扬孩子的优点，让孩子感到优越性。总之，早期语言教育不能不切实际，不能违背孩子心理生理的特点，尽量让孩子在游戏中学习，在玩中学习。

根据儿童学习语言的特点，幼儿园语言教育必须坚持以下基本原则：1. 面向全体儿童，不能有偏见与针对性

幼儿园的语言教育要注意以下两方面内容：一方面，幼儿园语言教育应当面向全体儿童，教师必须依据本班现有所有儿童语言发展的年龄特征来确立幼儿园语言教育的整体目标；教师必须考虑全体儿童的普遍经验来选择幼儿园语言教育时所采用的材料；教师必须参照儿童已有的语言经验和已有的语言发展状况来对儿童语言的效果进行评估；教师在组织儿童开展各种语言活动时，必须保证每个儿童都有机会练习运用语言，使每个儿童都有机会把自己想说的话说出来。另一方面，要照顾到儿童语言发展的个体差异，就是教师要为每个儿童的语言学习与发展提供平等的机会。对于那些不愿说话、语言发展差的儿童，要先找出原因，以采取针对性的措施发展其语言。并且在集体面前，教师要尽量少地批评他们，以免伤害他们的自尊心，可以通过降低谈话难度等方式照顾个别儿童的需要。

2. 注重以儿童学习为主体的教学

语言教育必须发挥儿童学习语言的主动性，使儿童成为语言学习的主人，这样才有可能取得预期的成效。要想在语言教育中充分发挥儿童的自主性，最根本的是建立一种平等而民主的师生关系：

教师要为儿童学习语言树立榜样。教师在日常会话和教育活动中要注意自己的语言，要说普通话，语言既要规范，又要有礼貌，努力做到语音正确、语

法规范、用词恰当，表达完整、连贯、清楚，为儿童学习规范的语言树立榜样。教师除了自己作为儿童语言学习的榜样外，还可以为儿童树立同伴榜样，鼓励儿童互相学习彼此的良好言语行为。

教师作为儿童的交际对象对儿童语言进行指导。儿童语言教育必须为儿童提供理解和运用语言的实践机会，使他们在主动积极的言语交往活动中学习语言，以发展口语表达能力。通过师生间平等的交往，儿童可以练习其口语表达技能，并依据教师的反馈对自己的言语行为有所了解；另外，教师还应创设条件，鼓励儿童之间展开真正的言语交往，使儿童在实践的过程中提高语言表达能力和口语交际技巧。

教师作为教育者为儿童主动学习语言创造条件。① 提供良好的语言范例。教师通过自己的良好言行，在儿童中树立榜样，通过为儿童提供普通话音像资料等方式，为儿童接触和模仿创造语言环境；② 提供丰富多样的语言活动材料，如录音录像设备，各种儿童图书或画册，常用汉字卡片或标签、纸、笔等，以激发儿童学习和运用语言的兴趣；③ 创设言语交际情境，鼓励儿童与周围人进行言语交往。教师不要对儿童自发的言语交往过于限制，要允许儿童在自由游戏或等待的时间里自由交谈，而且，教师可以通过故事表演、"小小广播站"等形式对儿童提出运用语言的要求，激发儿童运用语言的动机；④对儿童的语言学习行为做出积极反馈，增进其学习语言和运用语言的兴趣和信心。

3. 强化其他领域教育与语言教育的联系

加强各领域教育的联系可从两个方面进行考虑：①立足于语言教育的目标和内容，通过设计语言教育的延伸活动，完成一些其他领域的教育目标。这里的延伸活动在形式上与语言教育的关系并不十分明显，但其在内容上是与儿童学习的文学作品直接相关的；②从其他领域的教育目标和内容出发，在教育过程中适当渗透语言教育的因素。总之，教师要尽量从儿童教育的整体经验出发，综合考虑语言教育及与之相关联的其他领域教育因素，为儿童设计综合性的语言教育活动。

4. 以发展的眼光看待儿童

一方面，教师要仔细观察和评估儿童的语言发展水平，并以此为依据，提出略高于儿童语言发展现实水平的语言教育目标；另一方面，语言教育要容许儿童犯错误。因受生活经验和理解力发展水平的局限，儿童在语言理解和表达上难免出现错误，教师要以一种宽容的态度予以对待。

（三）学前儿童口头表达能力的培养

学前儿童的口头表达能力是语言教育的基础，这也关系其以后书面表达能力的学习。学前儿童口头表达能力首先应该注意提高幼儿的观察能力，然后再提高分析综合能力。很多学前儿童在进行交流时，沉默寡言，无话可说，有点喜欢说，但是由于词汇少，而表达不清晰。如何有效培养学前儿童的口头表达能力呢？这就要求我们教师和家长在学习和生活中，要有针对性地对孩子进行启发诱导，让孩子多讲话，如孩子看到小猫，可以提出一些问题，如，这个小猫怎么叫啊，小猫爱吃什么啊，小猫的毛是什么颜色的啊，等等，以后遇到类似的问题，小孩就知道该如何进行表达，该如何向别人进行介绍，也就是有话可说。平时进行教学时，可以适当开展一些活动，如亲近大自然、走进科技馆等。

当孩子遇到一些新鲜事物，他们就会有这样那样的问题，特别是自己感兴趣的事物，通过提问获取了知识，有了知识，就有话可说。口头表达作为一种能力，只能从持之以恒的训练中得到掌握说话的基本方法后，提供说话实践机会是必要的，例如在校外，孩子介绍家庭成员，回忆最愉快的事情，推荐一种最好吃的水果等，有利于掌握说话技巧，锻炼胆量，养成良好的思考和听话习惯，提高口头表达言语的准确性、条理性和敏捷性。

（四）学前儿童早期阅读能力的培养

阅读是一种终身行为，孩子天生就喜爱书本，我们说，阅读不一定就是看字，看图也是阅读。我们把只要与阅读活动有关的任何行为都称为阅读，这里有视觉的、听觉的、口语的，等等。进行学前儿童早期阅读能力的培养时，第一步要给儿童创设一个恰当的阅读氛围。如提供可供阅读的空间、丰富的阅读材料等环境来培养孩子的阅读兴趣，发展幼儿的阅读能力。环境中读物的选择不能将大人的意愿强加给孩子，要把阅读选择的权利交给孩子，让孩子自己选择想阅读的图书，这样，孩子就有一种自主意识，从而激发阅读的内在动机。第二步要以积极的态度对待孩子的早期阅读行为，父母是孩子生命里的第一位教师，如果父母乐于阅读，小孩自然耳濡目染，并可从亲子共读的亲密过程中感受到温暖与爱。阅读对于学前的儿童而言，最重要的是得到爱与快乐的途径，其次才是汲取知识的手段。在这个过程中，孩子的第一需要是父母的爱，如果得不到满足，那么在孩子眼中，这次阅读就是一次没有意思的失败游戏。

在进行早期阅读训练时，父母和教师可以陪伴孩子阅读，可以进行朗读。给孩子朗读书籍文字时，要避免语言平平淡淡，要声情并茂，带着饱满的情绪和情感来朗读，模仿阅读教材中各种角色的语气，并适当地加些拟声词、形容词等，使语言富有感染力。儿童阅读的注意力往往不是很集中，在阅读之后，父母和教师要针对阅读的内容，帮助孩子进行理解，引导孩子学习阅读材料中的知识。在与幼儿阅读的过程中或结束后，父母可以与孩子就阅读内容展开讨论，交流疑问、想法，以此来扩大孩子的知识面和想象空间，从而促进孩子阅读能力的发展。

在知识经济时代和信息社会，学前儿童的早期语言教育尤为重要。作为这个时期的教师和父母，应该以孩子为中心，以游戏活动为载体，提高孩子的学习兴趣，培养学前儿童的口语表达能力和阅读能力。一旦这些能力内化为孩子的自身素质，将终身受益无穷。

第三节 学前儿童语言教育的意义

学前期是语言发展的重要时期。人们往往认为孩子到了一定的年龄就会说话，以为说话能力是天生的。其实婴幼儿语言的发生和发展必须具备幼儿自身的物质基础和所处社会的客观需要。然而学前期是人的一生中掌握语言最迅速的时期，也是最关键的时期，这个时期是幼儿口语发展的最佳时期。这一时期，幼儿语言的模仿能力最强，词汇量的扩大最快，口语理解能力和表达能力的发展也很迅速。如果这一时期能得到良好的语言教育和训练，不但幼儿学前就能自如地运用口语表达自己的见闻、意愿、情感等，而且也为其终生学习打下良好的基础。

一、学前期的语言教育意义和渠道

（一）学前期语言教育的重要作用

1. 人类语言发展的关键期是幼儿期

幼儿期是语言发展的重要时期，幼儿到 3 岁以后，大脑发育迅速，听觉器官和发音器官相应成熟，能分辨和模仿成人的语言，这为幼儿语言的发展提供了生理基础。另外，3～6岁这个时期，随着他们接触范围的逐渐扩大，在周围生活环境的影响下，幼儿说话和交往的需要日益增强。例如幼儿喜欢说话，喜欢提出各种遇到的疑问，爱听人们各种、各方面的知识经验，也爱用语言来表达自己的思想和要求，等等，如果在这个时期得到正确的教育，幼儿的语言将会迅速地发展，不仅学会的词汇量日益增多，并且还逐渐能用单句、复句连贯地叙述见闻，表达思想。反之，在这个时期忽视了对他们进行语言教育，幼儿语言的发展就会缓慢，以后进行补偿教育就很困难。依据相关报道，7岁狼孩回到人类社会后，开始学习说话，经过几年的训练，只记住四五个单词。这个实例说明，如果幼儿语言的发展错过了时机，是难以弥补的。幼儿期的语言教育在家庭和幼儿园中应该处于举足轻重的位置，其成果对人的一生发展有着重要的影响。

2. 可促进儿童认识能力的发展

语言在人的认识过程中起着重要的作用。因为婴幼儿在掌握语言之前，要认识一个物体的特征，必须对该物体的各个部分和各个特征逐一进行详细的感知。教师借助语言，可以帮助幼儿观察事物，认识事物的名称、形态、习性、特征，帮助幼儿区别相类似的事物，等等。作为人类世界的重要工具，语言不仅可以使幼儿直接认识事物，而且还能使其间接地、概括地认识事物。幼儿的认识范围不断扩大，认识内容不断加深，幼儿的语言也就愈加丰富。同时，语言发展的过程往往也是认识丰富和深化的过程。幼儿语言的迅速发展必定会促进其认识能力的充分发展。

3. 可促进幼儿交际能力的发展

语言交际能力是幼儿语言发展的核心。随着幼儿各种需要的增加和开始学会说话，他们与周围人的交际更加频繁。在交际中不仅促进了身心的发展，而且还逐步向成人学到一些社会化行为的经验。这些经验的获得既有助于活泼开朗的性格形成，又促进了语言交际能力的发展。

幼儿口语能力强，喜欢与人际交往，敢在集体面前说话，就容易获得交际中成功的体验，还提高了幼儿学习语言和运用语言的积极性。交际中吸取的知识和语汇又可使他们获得较高水平的交际能力。如此进入良性循环的状态，逐渐使幼儿喜欢交际，乐于交际，善于交际，幼儿也就容易、快速适应集体生活，为将来适应社会打下良好的基础。

4. 可促进儿童智力的发展

语言不仅是人们交际的工具，而且是人们进行思维的工具。没有语言，就不可能进行抽象的思维，在由感知、表象进入分析、综合、判断、概括等抽象思维的过程中，语言起着特别重要的作用。教师在带领幼儿认识周围的事物时，在传授知识技能时，在解释行为规则时，在引导幼儿观察、比较、抽象、概括形成概念时，都必须伴以语言。幼儿理解了这些语言，同是也就掌握了这些知识和道理，锻炼和发展了思维的能力。

5. 可为儿童学习书面语言打好基础

学前期语言教育主要指口头语言。口头语言和书面语言由于发出的器官，如声带、手；接收器官，如耳、眼；传递渠道，如声波。书面材料的不同，在人类生活中发挥着不同的作用。幼儿语言教育主要是发展幼儿的口头语言，为入学后很好地掌握书面语言打下基础。在幼儿入学以前，如果能学会普通话的准确语音，掌握大量的词汇，有一定的口语表达能力，那么入学后学习认字、读书和作文时（主要是把看到的字形和相应的语音联系起来，理解文字内容和用文字表达思想）就比较容易了。

我国中小学语文教学实践证明，幼儿写作能力低的原因之一是独白能力低，也就是口头作文能力或者口语表达能力差。学前阶段如果成人能有意识地训练孩子的口头组词、组句和口语表达能力，让孩子现想现说，有条有理地说，可以促进孩子思维的敏捷性、灵活性和逻辑性的发展。因此，我们说，进行学前语言教育、发展口语表达能力能够为幼儿入学后学习书面语言打下良好的基础。

（二）学前儿童语言学习的渠道

1. 利用直接感知，通过对周围事物的认识提升幼儿语言

幼儿学习语言都要与周围现实的人、物、大自然及社会现象紧密相连。通过各种感官直接感知，如听、看、摸、触、尝、闻等获得周围的一切知识，继而发展幼儿的语言。语言的发展提高了幼儿的认识能力，而认识范围的扩大、内容的加深又丰富了幼儿的语言。因此，要注意发展语言交往能力与认知能力发展相结合。根据幼儿直观感知的特点，给幼儿创设条件、丰富生活内容，在

实践中认识世界，发展幼儿语言。

春天，观察绿油油的麦苗；夏天，欣赏荷花；秋天，采摘树叶。这样既丰富了幼儿的词汇，又提高了幼儿的语言表达能力。冬天，让幼儿去接雪花，观察雪花的形状，看雪景，幼儿可以观察到雪花有六瓣，是一片片、一团团飘落下来的。随后可向幼儿提一些具有启发性的问题："雪花像什么呀？"有的幼儿说："像雪白的棉花。"有的说："像厚厚的毯子。"有的说："像白糖。""像盐。"

2. 通过各个领域的教育相互渗透的教学方法提供语言发展条件

幼儿思维能力和语言能力的发展是同步进行的，因此，幼儿掌握语言的过程也伴随着幼儿思维的发展；而幼儿思维的发展又促进其语言逻辑能力、构思能力和语言表达能力的发展。幼儿园的内容是全面的、启蒙性的，可以相对划分为健康、语言、科学、社会、艺术等五个领域，也可做其他不同划分。各个领域的内容相互渗透，从不同的角度促进幼儿情感、态度、能力、知识、技能等方面的发展。而语言是连接各科领域的重要工具，各科教育教学内容的进行离不开语言，反过来，语言又促进了幼儿行为、思维、能力的发展。语言与思维有着密切的关系，没有语言，思维就无法进行，而思维活动的成果必须用语言表达出来。

在幼儿教育过程中，要采用多种多样的形式发展幼儿的记忆力、观察力、思维能力和想象力，在培养幼儿运用语言交往的基本能力上，不单让幼儿具有模仿语言的能力，还要学习举一反三，会依照原有的语言范例填换内容，表达新的意思，从而具有口语表达能力。在实际观察中，幼儿得出了结论，丰富了知识。在实践活动中，幼儿动手、动脑，发展了幼儿的注意力、观察力，以及分析比较和判断的能力。教育幼儿对周围事物经常保持主动、积极的情绪，使之求知欲旺盛，爱动脑筋思索，能发现问题，提出问题，并从事物间的联系中，初步做出正确的判断和概括，发展幼儿的认知能力与语言能力。

二、学前儿童语言教育对儿童发展的影响

学前儿童语言教育能够促进儿童认知能力的发展。学前儿童语言教育与认知能力相互促进、共同发展。一方面，作为一种心理表征符号，语言一旦被个体所理解和掌握，就能够对认知的发展起到推动和加速的作用，主要表现为增加认知的速度、广度和强度，使认知过程具有极大的机动性和普遍性。另一方面，幼儿的认知发展水平决定语言发展水平。当幼儿处在前运算阶段，幼儿只能掌握情境性很强的语言，而处在具体运算阶段时，才有可能掌握连贯性语言。抽象的词和语法的掌握有赖于认知的发展。没有这种工具，个体的认知始终会停留在个人心理层面。正如皮亚杰所说，"语言具有双重意义：它既是一种凝缩的符号，又是一种社会的调节。语言在这种双重意义中便成为思维精密发展不可缺乏的因素。"通过语言教育的不同活动，儿童脑中的大量信息都会被儿童用特定的词汇表达出来，他们的头脑中有哪些事物的特征，这些特征就是他们认知能力的一个发展。

学前儿童语言教育能够促进儿童情绪情感和社会性的发展。语言是人类交流的重要工具。人们通过语言表达思想感情，完成与他人的沟通与交流。因此，语言教育是促进学前儿童适应社会能力发展的重要途径。通过语言教育，儿童能够学会运用语言交际的社会规则，例如，文明、礼貌用语，不同场合用不同的讲话方式等。通过语言教育，可以让儿童掌握更多的交往技能，从而使儿童在表达交流时能够自由自在，不至于害怕。在这样的情景下，儿童能够自由大胆地表达自己的思想感情，能够比较容易地得到同伴的接纳和喜爱，与大多数人建立良好的人际关系，从而促进儿童的社会化发展。

学前儿童语言教育对儿童的发展具有非常重要的作用，会对儿童的一生产生影响，我们要时时刻刻对儿童的语言发展进行密切的关注。以语言教育的发展为目标，根据学前儿童语言发展的一般规律，制定合理可行的学前儿童语言教育内容，运用系统有效的教育方法与教育途径对儿童进行语言教育。

第三章　学前教育中语言艺术与表现形式的基本要求

　　语文课堂教学离不开语言艺术，语言是学前教师用来传授知识、达成教育目标的主要载体之一。语文课堂教学语言艺术与语文课堂教学效果有着密切的关系。苏霍姆林斯基说："教师的语言修养在极大的程度上决定着幼儿在课堂上的脑力劳动的效率。我们深信,高度的语言修养是合理利用时间的重要条件。"所以从某种意义上说，语文课堂教学艺术首先是语文教学语言艺术。而所谓语文教学语言艺术，就是学前教师在教学过程中遵循语文教学规律和审美性原则，正确处理教学中的各种关系，把语文知识和信息正确有效地传递给幼儿的语言技能活动。语言是学前教师向幼儿传授文化知识、启迪幼儿心灵、陶冶幼儿情操、进行思想教育的最重要的工具，而学习动机则是推动幼儿学习的内部动力。学前教师的教学语言讲求形象、生动、精练、幽默，富有启发性，这样就能有效地激发幼儿的学习动机。

第一节　语言规范化教育的基本内涵与措施

　　教师教学时必须使用标准的、规范的普通话，在语音、吐字、音量、语速、词汇、语法等方面都要符合要求，吐字清晰，表达流利。教师应从讲课语言的声调变化之中显示出讲课内容的重点与难点、深度和广度。要幼儿驰骋想象的地方,应以声传情,并辅以适当的手势。如此较为熟练地运用语言的"整齐美""错落美""节奏美"，就能使幼儿从原本"无趣"的课堂中得到意想不到的乐趣。这也是语言规范性和美感性的魅力之所在。语文教学真正是科学美与艺术美的高度统一体。能够使这种完美统一得以展现的中间媒介便是学前教师规范优美的课堂教学语言。

一、规范性语言艺术的基本内涵

语言是交际的工具，其主要功能是交流思想。无论是说话，还是写文章，一般都是给别人听或者看的。要想别人听得懂或看得懂，就必须使用全社会共同的规范语言。这就是语言的规范性原则，是语言的本质所决定的。

党和政府历来十分重视语言文字的规范化工作，早在中华人民共和国成立之初，就把这项工作提到日程上来，组织专家学者开展有关的研究和规范标准拟制工作。六十多年来，国家有关部门颁发了一系列规范标准，如《第一批异体字整理表》（1955）《汉字简化方案》（1956）《汉语拼音方案》（1958）《简化字总表》（1964）《普通话异读词审音表》（1985）《现代汉语常用字表》（1988）《标点符号用法》（1990）《汉语拼音正词法基本规则》（1988），另外还有信息交换用汉字编码字符集等，这些规范标准对普通话的推广和规范汉字的推行起到了不容忽视的积极作用。特别是2001年开始实施的《中华人民共和国国家通用语言文字法》，更是以法律的形式为语言规范化提供了依据。由教育部、国家语委组织制定的语言文字规范《汉字部首表》和《GB13000.1字符集汉字部首归部规范》于2009年1月21日发布，自2009年5月1日起实施。其后陆续发布了很多汉语规范化相关文件，如2018年公布的《进一步加强规范汉语言文字工作的意见》等。

"规范：约定俗成或明文规定的标准。""规范化：使合于一定的标准。"（《现代汉语词典》）"约定俗成或明文规定的标准"主要指语言学所讲的语法规则以及上文提到的国家机关颁发的各种规范标准。那么什么是"化"呢？有人说："化，彻头彻尾彻里彻外者也。"因此，语言规范化就应该是：只有完全符合规范标准的，才是规范化语言。这样解释似乎很有道理，然而，事情并不是这么简单的。比如大家都熟悉的例子：杜甫的两句诗"香稻啄余鹦鹉粒，碧梧栖老凤凰枝"，按照正常的、符合语法规则的说法，这两句诗应该是："鹦鹉啄余香稻粒，凤凰栖老碧梧枝。"作者为了表达的要求，会故意改变正常的结构次序，让这句子都不合语法，但是，这样描述却得到了很好的表达效果。因此，并不是绝对地要求语言规范化。《辞海》中对语言规范化有如下解释："根据语言发展的规律，对语音、词汇、语法等进行加工，明确标准，以促进民族共同语的统一。"定义中特别强调了语言规范化要"根据语言发展的规律"。

二、语言规范化的历史发展

夏朝是我国有史料记载的第一个朝代,其建国于洛阳地区。这里的"中原"语言可以认为就是中国最早的共同语,后期人们称它为"夏语"。《诗三百》(诗经)来源于周朝的广大地区,虽然各地"言语异生",但书中音韵基本相近、相同,有的学者认为《诗三百》在编排的过程中经过了乐师的整理,但我们也可以推测当时存在一种能在较大范围内通行的共同语。据史料记载,我国最早的雅言是以周朝地方语言为基础,周朝的国都丰镐(今西安西北)地区的语言为当时的"雅言"。春秋时期,孔子以雅言讲学,"子所雅言,诗、书、执礼,皆雅言也"。雅训正,雅言相当于标准语,杨伯峻在《论语译注》里就将"雅言"直接译为今天的"普通话"。周以后,各朝随着国都的迁移,雅言的基础方言也随着发生变化,但仍多以京城语言为标准,这就是所谓的"官话""京腔"。元代起,由于京城设在北京,北京方言便很快成为全国通用的雅言。"普通话"这个名称是清朝末年"切音字运动"的积极分子朱文熊提出来的,他在 1906 年写的一本叫《江苏新字母》的著作里,把汉语分成了三类,其中之一就是"普通话"。他还注明普通话是"各省通用之话"。到民国初年召开"语音统一会",议定北京语音为"国音",20 世纪 20 年代初,白话文运动的倡导者之一胡适就曾经提出"国语的文学"。这里的"国语"就相当于汉民族共同语,但这些共同语的规范仍然是相当模糊的,直到中华人民共和国成立后的 50 年代,才真正把现代汉语的规范问题提出来,并对有关语言规范问题做出了明确规定。1955 年召开了全国性的"现代汉语规范问题学术会议",著名语言学家罗常培、吕叔湘做了《现代汉语规范问题》的学术报告,第一次把语言规范问题提高到了语言学理论的高度,并且第一次给汉民族共同语——普通话做出了明确的界定:"普通话是以北京语音为标准音,以北方话为基础方言。以典范的现代白话文著作为语法规范的现代汉民族共同语。"第一次阐述了语言文字规范化在发展科技、繁荣文学、普及教育等方面的重大意义。2001 年 1 月 1 日开始施行的《中华人民共和国国家通用语言文字法》确定了普通话的法定地位,标志着我国的语言文字规范化工作真正走上了法制轨道。

三、语言规范化的标准

把以北京语音为标准音，以北方话为基础方言，以典范的现代白话文著作为语法规范的普通话作为全国通用的语言，人们对此并无异议。但问题是，语音方面的标准比较容易把握，而词汇及语法方面的标准就难把握得多。因为"北方话"是一个大方言，它可以分为若干个次方言，如北方官话、西北官话、西南官话、下江官话等，而且北方话的各方言也存在着差异。

另外，语法方面的规范范本涵盖面也很大，仅从语言结构内部看，词汇及语法方面规范的标准就比较难以把握。若把它放在语言结构以外来分析，难度则更大，尤其是词汇方面。

南昌大学的王卫兵在《汉语规范化的范围、根据、操作以及科学属性——汉语规范化若干问题再思考》（《语言教学与研究》2004 年第 1 期）一文中提出："汉语规范应当包括语用规范，将语音、词汇、语法规范与语用规范结合考虑，关注语言应用、将语言置于社会中考察，是语言规范化研究的基本特点。"2012年，李美珍在《试论汉语言文字规范化的问题和对策》中同样提到了汉语规范化的概念，并提出了一些汉语规范化的相关对策。2015 年，夏中华、贾雪发表了《对新时期汉语语法规范化问题的思考——基于对前语法规范化进程和观念的梳理与分析》，针对汉语规范化不同时期的发展提出了一些新的观点。2018年，廖映红在《试论现代汉语言新生语言成分的规范化》一文中同样针对汉语新生语言成分做了相关研究，体现出其遵循"约定俗成"原则而生发的新变化。因此，我们把语言规范置于两个层面上来进行研究：其一是约定俗成；其二是明文规定。

（一）约定俗成和交际值

约定俗成和交际到位的程度是衡量语言是否规范的标准。语言是否规范，关键要看它是否为一般人所普遍使用；是否适应社会交际的需要，反映当前社会的发展；是否能够明确地表情达义，为一般人所懂得。目前社会上出现的新词新语以及新用法大致可以分为三种情况：

词组的缩减而构成的新词，如"液显"（液晶显示）"地贫"（地中海贫血症）"非典"（非典型性肺炎）等。词组的缩减和简称的构成给语言表达带来了一定的方便。但是，词组的缩减必须按照需要和明确、约定俗成的原则来进行。不能只图个人方便而任意生造，否则会增加表达和理解的困难，从而造成交际的困难和语言的混乱。

新概念、新事物的产生导致表现这些事物和概念的新词语不断出现。如"人造美女""托儿""的哥""滴滴""托哥""望着荣耀""炒鞋"，等等。

超常规语义进行重新搭配。如"打造""出炉"等。"打造"的本义是"制造"，多和金属器物搭配，如"打造斧子、打造戒指、打造耳环"，如果同"品牌、新天地"搭配，就具有了"创造"的意义；"出炉"的本义是"取出炉内烘烤、冶炼的东西"，如今也有了"某某年度时尚人物出炉"的说法。如果超常规搭配经常出现，一经约定俗成，成为一种转义，就变为常规搭配。

从语用功能的角度来讲，规范语言应该是语用规范，是语言在表达功能和交际功能上切合目的性的规范。因为引起表达、交际的动因和情景是多种多样的，所以只要是恰到好处地达到了目的，就是合乎规范的。因为人类语言是一个非常复杂的系统，它牵涉到的因素非常多，如自然的、人为的、心理的、物理的、社会的，等等，人们可以不同的方式、不同的角度来观察语言、运用语言。因此，人们在使用语言的时候，就要考虑各种因素。只有在言语上下文的环境里，词语的意义才能准确地表达思想。这种功能来自语用功能，因为人们必须在活动中才能学会词语的意义，并使用它们来描写事物、讲述道理，等等。这些在言语环境下所表达的思想不仅是简单的陈述，而且还会通过词语的感情力量对听众产生效应。所以，词语的实际意义和外部环境的关系是一种复杂的活动，只有充分考虑这些因素，才能使语言交际得以顺利进行。因此，我们不能把语言规范的目标确定为不管何时何地都必须是一种绝对一致的代码。

因此，我们必须对那些打破传统的语言框架模式启用一些非常规的语言形式做出正确的认识：语言既要讲究经济的原则，"表达起来怎么省时省力，就怎么表达"，又要讲究音韵搭配和谐，因为"汉语是一种音节结构明显的语言，在语言表达上就存在一个音节搭配和谐的问题，单音节对单音节，双音节对双音节，多音节对多音节"。"否则"与"否则就""认为"与"认为是""涉及"与"涉及到""当作"与"当作是"音节结构字数不同，在和谐音节结构上具有不同的表达功能，"认为是""否则就""当作是""涉及到"中的"为""则""作""及"在现代汉语中的意思都已经淡化，因而后面可以出现"是""就""到"字来配合表达语义。加上这种表达方法的运用也比较普遍，理应归到合乎规范之列。

（二）民族共同语的确定

1956年2月6日，国务院发出关于推广普通话的指示，并补充了对普通话的定义："以北京语音为基础音，以北方话为基础方言，以典范的现代白话文著作为语法规范。"这个定义从语音、词汇、语法三个方面明确规定了普通话的标准。"普通话"一词开始以明确的内涵被广泛应用。河北省承德市滦平县是普通话标准音的主要采集地。"普通话"中的"普通"二字有"普遍"和"共通"的含义。普通话就是现代汉民族的共同语。普通话除了具有很强的表意功能外，还具有声音优美、音乐性强的特点。当然，"以北京语音为标准音"，要排除"北京语音"中那些特殊的土音成分。比如，普通话说"多少钱？"北京土话说成"多儿钱？"普通话说"这个问题太难啦！"北京土话说成"这个问题忒难啦！"这类特殊的土音是不能作为标准音的；词汇及语法是"以北方话为基础方言，以典范的现代白话文著作为语法规范"。

四、当前影响语言规范化的因素

在当前的中学语文教学中，语言文字工作的开展并不尽如人意，如今能写一手漂亮汉字的幼儿比例很低，更不用说中国传统意义上的软笔书法了；随着网络的普及，网络用语和不规范用字日益影响着幼儿的日常生活。制约语言规范化的因素有很多，其中主要包括以下几点：

（一）方言情结对推广普通话的抵触

由于受地域和生活空间的限制，许多人从学说话起，就只能跟着家人、同学或教师学习方言母语，很少有非母语成分渗入，导致很多方言区长大的人以后仍坚持"方音不改""乡音悦耳"。正是这种语言习得和运用的社会心理造成人们潜在的情感障碍，以至于不屑说或满足勉强应付的低水平普通话交际状态，不想或不容易改变业已形成的语言环境和交流方式。

语言是社会文化的表征，反过来又会成为社会文化发展的制约因素。这种独特的方言文化传统造成有些地区相对封闭的地域性文化氛围。在这种氛围里，种种以方言为媒介的文化因素造成了当地人浓重的乡土观念，深化了人们对方言的感情，巩固了方言作为地域性文化传播媒介的地位，从而导致了对其他语言的排斥效应。

（二）语言使用的多元化趋向对普通话主体地位的冲击

汉语作为我们的母语，是我们这个民族得以安身立命的家园所在。但在全球化文明语境紧锣密鼓的 21 世纪，汉语教育正在经受着前所未有的挑战。随着社会的变革、经济的发展以及文化教育水平的提高，在思想文化领域，我国逐渐形成多元化文化格局，除原有的主流文化外，西方文化、港台文化及亚文化等也随着国家的扩大开放，并伴随着出现了语言文字使用多元化甚至非规范化的势头。这种冲击过程是隐性的，在不知不觉中进行。我们应该注意研究这样一个过程，首先是汉语的表意功能、语法结构与思维方式等方面都在发生着前所未有的演变。

这种情形下，如果没有某种防患于未然的警觉与文化策略，汉语就可能沦为阐释英语或其他语言的副本，我们最终会意识到这种语言霸权意识介入的后果。比如，这些年来，高校教学外语热潮有增无减，英语过级成为幼儿取得学位的首要条件，考研、考博、出国留学，外语是一道门槛。相比之下，幼儿把大量的时间和精力投入到外语学习中，反而对自己的母语视作小儿科，语言规范化意识淡薄。所以说，危机不仅仅来自外语的威胁，祸起萧墙更让人忧心忡忡。

因此，在开放的社会中，在给予非主流文化和语言一定的生存空间的同时，保持主流文化和语言的绝对权威是十分必要的。而且社会越是走向开放与发达，人们的社会交往越是频繁；接触交流的信息越多，标准化、规范化的问题就越突出，因此强化语言规范化教育也就越是有必要。

（三）教师自身汉语能力不足，对汉语重视程度不够

在教师队伍中，许多教师的汉语水平并不高，部分教师教学语言使用不够规范，或是喜欢在教学中使用方言普通话，有些教师的板书时汉字书写潦草，汉字书写笔画顺序有误等，这些都会给幼儿带来不良的影响。在实践中有许多中学教师并没有认真落实强调汉语学习这一精神，多数幼儿的识写能力一直得不到严格训练，汉字不规范的问题在中学语文学习中日益突显。

五、语言规范化教育的措施

推广普通话是社会发展的需要和历史发展的必然，学校作为培养人才的摇篮，是推广普通话的重要阵地，通过学校推广普通话，能对全社会起到引导、

辐射和渗透作用。为了贯彻国家及有关部门关于加强学校语言文字规范化工作的精神，进一步在校园内做好推行规范汉字工作，切实发挥学校是纯洁祖国语言文字的坚强阵地的作用，净化校园语言文字环境，使全体师生能自觉写规范字，做文明人，促进幼儿综合素质的提高，提升学校的办学品位，学校根据语言文字工作计划安排，积极倡导教师定期进行语言文字规范标准教研活动。

（一）提高推广普通话的主体意识。

我们的语文教学承担着提高幼儿听、说、读、写能力的重任，语文教学的重点就是要让幼儿学会使用规范的语言文字，提高幼儿的语言文字应用能力。语言文字应用能力是人类进行社会实践活动最为基本的能力之一，这项能力也是构成人员整体素质的一种重要表现。在语文教学中，对于教育幼儿正确、热爱使用祖国的语言文字，贯彻落实国家语言文字方针政策和规范标准，积极推广普通话，认真推行规范汉字，加强幼儿的语言文字规范意识，继承、发展、弘扬中华民族优秀的传统文化，提高幼儿的语文素质和语文教学质量都具有重要作用和现实意义。

针对我们民族共同语目前所面临的困境，教师更加应当以情感为着手点，不断地激发幼儿对祖国语言的热爱，自觉维护祖国语言的统一，以说普通话为荣为美，从思想上重视学习普通话。心理学研究表明："情感与需要是不可分的"，情感具有含蓄、稳定的特点，它是在人的有关认识达到一定程度的基础上，与社会基本需要相联系的。因此，教师要让幼儿明白，民族共同语是在思想情感上维系民族精神和民族团结的基本纽带，学习普通话是捍卫祖国语言和民族精神的需要。只有这样，幼儿才能真正明白自己所肩负的历史重任，端正学习心态，积极主动地投入到学习中。

通过宣传让幼儿意识到学习普通话的切身必要性。现代社会需要高素质的人才，素质是知识、能力和身心修养的综合反映，而语言文字能力是素质的构成要素之一，是学好一切理论、掌握一切知识的前提。因此，推广普通话是培养高素质人才的需要。并且，推广普通话与发展高新技术密切相关。以计算机为代表的现代高新技术对语言文字的应用提出了越来越高的要求，语言文字的规范化、标准化是计算机进行人机处理的先决条件。

（二）培养幼儿的说话能力

这里的"说话"与日常零散随机的言语表达有一定的距离，它是特定情景下的言语表达，学会用自身的体验观察思考，遵循一定的交际规则，切合语境，从而把信息准确有效地传达给对方，以达到交际目的。为此，学校进行普通话教育要注意以下几点：

1. 教师应当更新教育理念，明确教育目的

教育的目的并不是让幼儿掌握更多知识，而是促使每位幼儿的身心获得全面和谐的发展。因此在教学中要营造平等、民主的学习氛围，探索多种教学方式，为幼儿创造说话的机会。幼儿面对话题无话可说，可以从两方面阐释：一方面是缺乏言语材料的积累；另一方面是觉得大家所说内容差不多，人云亦云。教师可以在课上结合教学内容，鼓励幼儿积极发言、讨论。课外，一方面鼓励幼儿广泛阅读古今中外的文学名著，汲取精神大师的睿智来丰富自己；另一方面鼓励幼儿涉猎文学作品以外的知识，诸如政治、经济、哲学、美学、逻辑学等领域，既可开阔视野，提升境界，又可以培养幼儿分析问题的深度和广度。

2. 结合教学内容组织训练，加强课外活动

教师可以设置情境让幼儿模拟训练，开展各种活动发展说话能力。如读书报告会、朗诵比赛、演讲比赛、辩论赛等活动，也可以尝试给影视配音，排演话剧、小品、搞文艺晚会、有奖知识竞赛等，教师要认真记录幼儿的发音情况，并找出其发音缺陷，最后进行讲评。

这样既给每个幼儿提供了说普通话的机会，又锻炼了幼儿当众讲话的胆量。而且，幼儿为了在活动中有好的表现，必定会广泛收集资料，精心构思，认真训练。通过这一系列活动，幼儿的说话能力得到了全面的发展，综合素质也得到了提升。

3. 能运用适当的语音、语气、语速，结合具体谈话情境，采用相应的表达方式

教师可以利用多媒体等手段让幼儿观赏名人诗歌朗诵，著名的电影对白，分析、揣摩其中的精妙之处，让幼儿进行模仿、学习。说话时留意对方的反应是否在认真听，是否听懂了，随时调整自己的说法，或加上辅助的表情、手势等，以加强表达效果。当内容较多时，要考虑内容的条理性，采用什么样的结构方式，怎样说更有技巧，配合什么样的语气语调，用何种语速，等等，这些技巧的使

用要与谈话者的感情融合为一，从而收到真实自然的效果。

此外，要真正提高幼儿的说话能力，更好的方式是到实践中去锻炼。所以，学校应当考虑丰富课程资源，引进研究性学习，将课堂延伸至广阔的社会生活中。

（三）规范语文课堂语言文字的学习方法

1. 加强教师自身建设，提高师资水平

学校是规范语言文字的主阵地，教师是语言文字规范化的榜样，教育相关部门应加强对教师汉字规范化的培训及考核，积极组织教师开展语言文字规范相关知识的学习，如定期学习《中华人民共和国国家语言文字法》，使教师意识到语言文字的规范化对教育教学以及培养下一代的重要意义。建议学校隔一段时间组织一次教师毛笔字、钢笔字、粉笔字大赛。

另外在语文课堂教学上，要读准字音，掌握正确的字形，教师写好汉字，无论是板书，还是批改幼儿作业，都应将字写得正确、清楚，使每个教师都成为汉字规范教学的榜样。

2. 增强师生意识，落实语言文字规范教学

教师示范指导。"身正为师，学高为范。"教师是幼儿的榜样，要想提高语言文字规范工作，教师必须增强自我规范意识，在平时的教学中规范自己的语言文字，发挥好带头表率作用，在教学中通过观摩、演示等方式展示优秀名家作品，同时，还应在校园内大力开展普通话宣传活动，注重校园用字规范，增强幼儿的规范意识。

加强思想认识。虽然当前的教育机制在短期内无法改变，但我们可以逐渐改变我们的思想观念。通过组织教师学习国家相关法规，使教师意识到加强语言文字规范化的重要性，从而在思想上重视语言文字的规范工作，认识到自身的责任，并把思想化为行动，认真做好语言文字的规范工作。

激发幼儿兴趣。幼儿的学习目标仅仅放在应对考试上，必将导致枯燥无味的题海大战，幼儿根本不会真正喜爱对汉语知识的学习，真正领略汉语文化的博大精深和源远流长。语文教学应着眼于幼儿终身发展的需要，在幼儿中推广普通话的同时，还应加强幼儿的文字教学，特别是汉字的书写，要求幼儿做到规范、整洁、端正，甚至美观；在教学中，通过把幼儿的优秀作品制作成课件，

或在走廊和班级悬挂优秀书法作品，组织年级书法比赛等方式，调动幼儿学习的积极性，激发责任感和成就感。

3. 端正对网络语言的态度

网络语言对幼儿的影响很大。网络语言是一种言语现象，也是一种文化现象和社会现象。"网络语言"符合年轻人求异求新的心理。青少年喜欢模仿、传播、学习网络用语。教师虽然并不需要对网络用语进行全盘否定，但是教师也不能听之任之，任其泛滥、传播。因为有部分网络用语粗俗、暴力且不规范，会给青少年带来不良的影响。

对待网络语言，教师需要加以积极而必要的控制和引导，引导幼儿在使用网络语言时，要分清交际场合和交际对象，要适合具体的语境，在课堂教学中规范语言文字的使用。

语言文字规范和语言文字的发展在本质上是相辅相成、共同促进的。正确的汉字规范有利于汉字的健康发展，同时，健康的汉字发展能够促进语言的规范。但是，规范并不是静态的。规范具有动态的属性，规范应当随着文字的发展而演变。在中学语文课堂中，重视提升师生对语言文字的重视程度，让语言文字教育重回课堂，成就一代代不仅仅会敲击键盘，也会挥毫泼墨；不仅有科学精神，也有人文理念的中国君子，真正做到语言文字的文明传递，中华民族的未雨绸缪。

第二节　生动性语言艺术的基本内涵与实施方法

在课堂教学中，教师必须考虑词语怎样运用最恰当，句子怎样组织才好些，使自己的语言能鲜明、准确、生动地反映客观事物，以达到幼儿易学、好学、优学的效果，这样就离不开教学语言的形象性、生动性。在课堂教学中，比喻法、幽默法、假设法、类比法这几种方法会有助于使我们的教学语言更形象生动，有助于幼儿理解接受学科知识，进而达到事半功倍的效果。

一、生动性语言艺术的基本内涵

新课程理念指出"语文课程必须根据幼儿身心发展和语文学习的特点，关注幼儿的个体差异和不同的学习需求，爱护幼儿的好奇心和求知欲"。建立民主师生关系，创设主动探究氛围是促使幼儿潜力获得发展的必要条件，是课堂显现生机的基础。在语文课堂教学中，如果教师善于让课堂语言生动化形象化，有利于幼儿一心进取，能吸引幼儿兴趣的发展，那么，语文教学就会灵活起来，丰富起来，幼儿在自主中得到多元化的发展。

语言的生动形象可增强知识的趣味性和感染力。教师要用生动的语言形象来感染幼儿，为幼儿创造一个兴趣盎然的学习情境，从而引起幼儿思维上的共鸣。教师要从幼儿的心理出发，讲课要深入浅出，把抽象的内容讲得具体形象，把深奥的道理讲得浅显易懂，易于接受，化复杂为简单，化枯燥无味为生动有趣，引导幼儿领会、掌握一些深刻的道理，并在成长过程中学会运用它。只有这样，才能使课程上得生动活泼，幼儿学得轻松愉快。反之，如果教师的语言晦涩难懂、含糊其词，会使幼儿误解，不解其意、不得要领，难以激发幼儿的学习兴趣。可见，教师用生动活泼、形象有趣的语言是消除幼儿学习枯燥无味的有效"调味剂"。

所谓语言鲜明生动，即指语言要具有形象性。教学语言的形象性是客观物质的实际反映，是教师审美动态、审美情趣、审美理想的产物。它要求教师必须对教材有深刻的感受、想象、理解、体验，才能鲜明、准确、生动地再现教材中的形象，出现心像、音像和视像，使幼儿沉浸在一种特有的形象感受中达到学习的愉悦，从而获得良好的教学效果和美感体验。也就是说，"讲到最典型的人物，最生动的事例，最感人的情节，要绘声绘色，细致刻画，使听众如临其境，如见其人，如闻其声"。

比如，在讲述日全食时，有的教师是这样描述的："在日全食开始时，人们看到太阳圆面的西缘有个黑影逐渐挡住了它，黑影逐渐扩大，太阳变成了月牙形，暗淡的光辉好似黄昏来临一样，接着，太阳全部被遮黑了，日全食发生了。天色突然变黑，犹如夜幕降临，天空中出现了星星，气温逐渐下降，鸟雀纷纷归巢，鸡鸭匆忙回窝……过了几分钟，太阳的西边缘开始露出一丝亮光，好似清晨来临，同时，鸡鸣雀叫，直到太阳逐渐复明，整个大地再次成为欢腾的世界。"通过这段描述可以使幼儿想象出日全食的全过程，如同身临其境一样。又例如，于漪教师讲朱自清的《春》时，用这样一段话开场："我们一提到春啊，眼前就仿佛现出东风浩荡、阳光明媚、绿满天下的美丽景色！一提到春，我们就会感到有无限的生机，有无穷的力量！所以古往今来，很多诗人就曾经用彩笔来描绘春天的美丽景色。"这段话绘声绘色，有景有情，可谓形象、精彩极了！教学语言生动形象，就能将抽象的化为具体的，深奥的讲得浅显，枯燥的变成风趣。为了启发幼儿的想象力，除了运用生动的描述，还可以运用比喻、形容等修辞方法。例如，"人之所以感觉不到地球的运动，是因为人随地球一起运动，如同人坐在行驶的汽车内，只觉得车外的物体运动，却看不到汽车运动一样。""地球的构造分为地壳、地幔、地核三层，就像鸡蛋分为蛋壳、蛋白、蛋黄一样。""银河系的形状就像运动员投掷的铁饼一样，中间厚，周围薄。"为了切实发挥语言的直观作用，启发幼儿的想象，教师在设计语言时要注意：在形容时，一定要运用幼儿听得懂的词汇；在比喻时，要联系幼儿熟悉的事物，并且力求比喻恰当。这样才能达到预期的目的。

二、生动性语言艺术的实施方法

语言不是蜜，却可以粘东西。语言是教师在课堂教学中表达思想、传授知识、启迪幼儿智慧的基本工具和主要桥梁。教师运用形象鲜明的语言激发幼儿的学习兴趣，吸引幼儿的注意，调动幼儿积极思维，促进幼儿积极参与，会使课堂气氛生动有趣，因此，在课堂教学中，教师应该注重语言的形象性。生动形象的授课语言易于幼儿理解，而且能够激发幼儿的学习兴趣，产生较好的教学效果；而呆板抽象的授课语言不仅不容易为幼儿理解，而且会冲淡幼儿的学习兴趣，降低教学效果。那么，如何才能使授课语言变得生动形象，易于幼儿理解，从而强化教学效果呢？

（一）走出语言"惯性"

在我们课堂教学中，口头禅总会在不经意间脱口而出，把语言的整体感破坏殆尽。表扬与批评也是翻来覆去那几句，作业的要求也总显得老生常谈，这一切都是由于语言惯性。教学语言中的这些惯性使我们的教学变得那么枯燥那么无趣。教师要走出语言"惯性"，真正提高自身的课堂语言水平，需要学习和实践。学习一些名师的语言艺术，名师在课堂语言的多与少、深与浅、广与精、静和动关系的把握上历经多年的探索和实践，是我们学习的较好素材。

向幼儿学习，幼儿的思维和语言具备活泼性和创造性，在语言风格上能够贴近时代。向广播、电影、电视学习语言学习转折、停顿、悬念、包袱，等等。

更为关键的是实践,实践比理论更丰富、更复杂、更微妙。在课堂教学的实践中,有计划地设计不同的语言形式,从语句、修辞、词汇、音量、语调等方面都做出精心的准备,而后在课堂教学中予以落实,再根据落实的课堂反馈予以及时的调整和丰富。只要我们足够重视我们的语言艺术,真正去做,我们的课堂就一定会充满生机与活力。

（二）增加课堂语言的形象性

教师的课堂语言不但要规范,还要形象。一位伟人曾经说过:"讲到最典型的人物,最生动的事例,最感人的情节,要细致刻画,绘声绘色,使用听众如临界其境,如闻其声,如见其人。"语言生动形象,能将抽象的化为具体的,深奥的讲得浅显,枯燥的变风趣。鲁迅讲课,用农民讨媳妇不要"杏脸柳腰""弱不禁风"的"美人",而要"腰臂圆壮、脸色红润"的劳动姑娘这个生动形象的事例来阐明"美的阶级性"这一抽象的理论问题。比如讲朱自清先生的《春》,我们可以用这样一段话导入:"我们一提到春啊,眼前就仿佛展现出阳光明媚、东风浩荡、绿满天下的美丽景色!所以古往今来,很多诗人就曾经用彩笔来描绘春天美丽的景色。"这样的导入绘声绘色,有景有情,使教学语言格外形象、精彩。

（三）以幼儿为主体性

真正有效、吸引人的课堂是不需要我们教师去刻意表演一个自以为高明的自我,真正需要的是我们还幼儿一个真切的课堂。我们在备课时,总想着备得尽可能全,于是就将与本课有关的知识尽可能多地备进课中。在课堂上,教师知识讲解面面俱到,滔滔不绝,口若悬河,上天入地,畅所欲言,而幼儿的探究过程被压缩甚至省略,教学效果大打折扣。

教师在备课时,将材料备全无可厚非,但必须要抓住重点,突破难点。很多教师在突破重点和难点时,通常采用的方式是重点讲,反复讲,结果教师讲得越多,幼儿听得越不明白,甚至起到负面作用。为了防止教师话语过度,激发幼儿的学习积极性,我们可以通过创设生动、典型的教学情境,设计针对性强的问题以引发幼儿的思考和讨论。幼儿在思考、讨论的过程中,教师要有足够的耐心安静地对待,尽可能避免反复的提醒、反复的追问、反复的催促。思考讨论结束后,教师根据幼儿的回答和疑问再给予及时的点拨、启发、追问,使重点难点迎刃而解，最后针对关键问题进行拓展，帮助幼儿掌握方法，总结规律。这样既突破了教学重点难点，发挥了幼儿的主体作用，同时又防止了教师话语的过度，起到了教师的主导作用，提升了教育教学效果。

第三节　趣味性语言艺术的基本内涵与应用

兴趣在语文教学中具有很重要的作用。古代杰出教育家孔子云："知之者不如好之者，好之者不如乐之者。"要使幼儿觉得语文课"有趣"，关键在于教师能设疑激趣，扣人心弦。学前教师的语言应该形象生动、饶有情趣，能化深奥为浅显，化枯燥为风趣。因此学前教师要广采博闻，和教材有关的故事、笑话、佳联、警句、格言、典故、成语、诗词等均可引入课堂，调动自如，游刃有余，以塑造形象，创造气氛，让幼儿感到课堂新奇多趣，知识易于理解。

一、趣味性语言艺术的基本内涵

语言的趣味性是使教学语言产生魅力的重要元素之一，其作用就像菜肴里的盐。缺乏趣味的语言就像是一盘忘记加盐的菜一样，不论其营养价值多么高，总是难以逃脱食之无味，如同嚼蜡一般。幽默能够体现出一名教师的灵感、学识、乐观与智慧，这些闪耀点都是教师在语言运用中的结晶，是性情豁达，是一瞬间闪现的光彩夺目的火花；机敏的思维是一种健康向上的精神状态，也是构成优秀教师品质的一个要素。幽默风趣的语言能缓和紧张气氛，缓解对立情绪，创造一种使师生双方都心理舒畅的教学环境。

心理学家认为，情绪是人类社会生活和人际交往中不可缺少的环节。人类社会交往的存在和维持，从心理学家的角度来说，首先是语言交际的存在，而情绪的作用也不可低估，语言和情绪相辅相成，缺一不可。语言的刺激影响着情绪的变化，而情绪又可调节和影响人的认识过程。所以，人们在良好的情绪状态下，思路开阔，思维敏捷，解决问题迅速；而心境低沉或抑郁时，则思路阻塞，动作迟缓，无创造性可言。俄国文学家契诃夫有这样一句名言："倘使一个人不懂得什么叫幽默，那他就不会有大的出息，纵然具备天然的禀赋，也算不上真正的聪明。"讲话幽默的教师不但会给幼儿增添快乐，在谈笑风生中领略知识的真谛，而且也会使自己的语言具有诱人的魅力。因此，幼儿十分欢迎具有幽默感的教师。

二、趣味性原则在语言教学中的应用

趣味性原则是指在教学过程中，教师运用幽默生动的语言、灵活的教学技巧、直观形象的表演以及富有感染力的激情等来最大限度地增加课堂的趣味性，从而激发幼儿的学习兴趣，增强学习效果。趣味性原则在语言教学中的应用就是在语言教学中应用这一原则，使枯燥乏味、形式单调的语言教学具有趣味性，使课堂具有活力，激发幼儿学习汉语的兴趣。

（一）趣味性教学及趣味性原则

1. 趣味性教学的含义

趣味性教学，就是在遵循趣味性原则的前提下，从教材的形式、内容、语言、设计等方面和授课的节奏、教学形式、体态语、教学设计等方面着手，完全以幼儿为中心，以形式趣味性、内容趣味性为出发点，以幼儿对于教学内容的吸收消化为直接目的的一种教学教学方法。

2. 增强趣味性教学的原则

趣味性原则，顾名思义，就是在语言教学中引入能够使幼儿感兴趣的活动或者语言等，并通过这些活动引起幼儿汉语学习的主动性，是一种变被动为主动的教学原则。

（二）趣味性教学有利于激发幼儿的学习兴趣

"教人未见意趣，必不乐学。"这就是说，浓厚的兴趣可激起强大的学习动力。但是很多的语言教师却将语言教学固化，照本宣科，难免会造成课堂气氛沉闷，缺乏灵活性，进而逐渐使幼儿失去了对学习的兴趣。在语言教学中，趣味性教学就满足了这个要求，通过一系列的方法，调动起幼儿学习的积极性和主动性，从而达到语言教学的最终目标，使幼儿具备用汉语进行交际的能力，而如果教学过程中不能激发幼儿的学习兴趣，是很难实现这一目标的。

（三）趣味教学的方法及作用

1. 趣味教学的方法

表演法。在语言教学中，有很多的课文是有关于日常生活的，其中大多数都是日常的情景对话。因此，在授课的时候可以适当地让幼儿去理解、去模仿，让他们扮演社会上的各种角色，例如，售货员、教师、医生等，增加幼儿对于课文学习的兴趣。另外，还有一种就是教师表演，通过表演让幼儿更容易理解课文的内容，这样较之用语言去让幼儿明白容易得多。

表演法主要就是让幼儿把学习的课文或者课文中的故事表演出来，体验其中的乐趣。同时还可以在轻松的环境中把已经学习过的课文复习一遍。另外，幼儿还可以根据课文中的内容，自己发挥想象的空间创作一个小故事进行表演，同时也可以体验自己创造的乐趣。

游戏法。游戏法，就是在幼儿学习的同时，教师带领幼儿做一些和教学内容有关的小游戏，例如传话游戏，最好让每一个幼儿都能够参加到游戏当中去，能够带给幼儿欢笑的游戏。这样，既有助于释放幼儿的学习压力，又可以增加学习的娱乐性，幼儿边做边说，能够帮助他们轻松掌握知识点，加深记忆，还可以锻炼幼儿交流的能力。当然，在教学的过程中，教师还可以用夸张的动作或者表情来起到深化幼儿理解和记忆的作用，而且还有简单、便于操作的特点，在课堂上不仅仅可以给幼儿传授知识，而且还可以给幼儿带来很多的欢笑，活动了身心。

（3）记忆法。记忆法主要是训练幼儿短时记忆的能力。主要的方法是将幼儿分成两组，两组之间属于竞争的关系。然后由教师在黑板上写上一些简单的词语，要求大家在规定的时间内记住这些词语。然后从两组同学中各选出两名代表，其中，一组的幼儿面向大家，二组的幼儿面向黑板。由二组的幼儿擦去黑板上面的一个词，然后由一组的幼儿来猜出被擦去的词，并用这个词造句。然后再由二组的幼儿进行猜词并造句，以此类推，最终得分最多的组获胜。通过这个方法，可以在轻松愉快的氛围中锻炼幼儿的短时记忆能力。当然，这个方法只是其中的一个代表，还有很多的方法可以用来训练幼儿的记忆能力。

绕口令、儿歌法。绕口令在我们中国是很有趣的一种游戏活动，通过练习绕口令可以锻炼我们的发音，因此，在语言教学中适当地教给幼儿一些简单的绕口令可以有助于纠正幼儿发音不准的问题，另外还可以使整个课堂妙趣横生，气氛高涨。益于纠正幼儿发音不准的情况。儿歌法就是在教学的同时，教给幼儿一些与课文有关且简单的儿歌，尽量选择一些迎合幼儿情趣，歌词简单易懂，并具有一定文化内涵的儿歌，这样就容易使教幼儿动化、情趣化。

对比法。说简单一点，就是把幼儿分为几个小组，让幼儿以小组为单位，各个小组之间展开竞争，当然，要设置适当的奖励。在互相竞争和好胜的心理驱使下，真正地激发幼儿学习的兴趣和动力，在互相竞争的学习氛围中，幼儿的学习能力也在不断地提高，且效果显著。教学过程中，将幼儿分为了六个组，每个组由 7～8 名幼儿组成，由开学初开始，以组为单位对所学课程进行情景表演，每次的积分进行累计，到期末得分最多的小组有一定的奖励，排名最末的小组要接受适当的"惩罚"。通过一个学期的教学发现，以这种方式进行教学，极大地提高了幼儿的学习积极性和主动性，教学效果相当明显。

2. 趣味性原则在语言教学中的作用

有利于班集体的团结互助性。在上面的方法中我们提到了对比法，这种教学手段使幼儿每个人都有一种集体意识，每个人都是集体的一分子，集体的荣辱和自己的贡献息息相关。因此，每一个人都学会了互相交际、互相帮助、互相协作，在游戏或者活动中慢慢和每个个体产生一种默契，同心协力地完成任务。另外，在活动中，每一个人都能够参与到其中，每个人都有交流互动的机会，这样就在无形之中增进了大家的情感和团结协作能力。笔者在实习期间曾经把幼儿分成各个小组进行小组式学习，其中有几个小组的幼儿成绩参差不齐，但是后来发现，各个小组之间虽然有竞争，但是还有互助，成绩好的小组自愿帮助成绩不太好的小组复习功课，这样就慢慢增进了幼儿之间团结互助的关系，形成了一种互助的学习风气。

增强学习动力，提高学习积极性与学习效率。当一个人的学习动机和学习兴趣一致的时候，这个人的记忆力和理解力一定是最佳的。若是一个人所学习的内容能够激发起其学习兴趣，其记忆力甚至是平时的几倍。因此，趣味性教学以其形式的多样性和娱乐性，能够满足幼儿来激发其对学习汉语的兴趣，以这种形式来完成教学，巩固教学内容，能够使幼儿把所学的知识深深地印在记忆里，极大地提高了幼儿学习的效率。趣味性原则在语言教学中的应用使原本为了学习而学习的学习动力变成了为了交流、为了娱乐而学习，这样就使教学有了很大的感染力和吸引力，能够调动幼儿的情绪，促进其思维活动，完全地使幼儿的学习变被动为主动，极大地提高了学习的积极性。

增进师生关系。趣味性教学可以改善教师与幼儿之间的关系，缩小师生之间的距离。在教学的过程中，无论是教师，还是幼儿，都是活动的主体，教师是活动的组织者，幼儿是活动的参与者，当然，有的时候，教师也扮演着参与者的角色，就这样，教师以潜移默化的方式影响着幼儿，与幼儿已经不再是师生的关系，而是朋友的关系，这就在无形之中拉近了师生的关系。举个例子，在课堂教学表演的过程中，教师也可以参与到其中，扮演其中的一个角色，与幼儿一起互动。在幼儿看来，教师这样做就没有了一种高高在上的感觉，教师完全像自己的大哥哥大姐姐一样，这样就使幼儿感觉幼儿与教师之间并不存在什么隔阂或者代沟。长此以往，幼儿与教师之间的关系势必变得如朋友般亲密。

趣味性原则在语言教学中的应用已经越来越普遍，越来越多的幼儿已经对传统的"填鸭式"教学感到枯燥甚至失去兴趣。因此趣味性原则在语言教学中的应用已经成为语言教学的发展趋势，其在语言教学中的地位以及作用也越来越重要。趣味性原则恰恰是顺应了教育的改革发展趋势，根据教育的发展趋势，趣味性原则在未来教学事业中的前景也是非常可观的。

第四节　情感性语言艺术的基本内涵与意义

人类语言是人们传递信息、交流思想的最重要工具。语文教学就是一门语言艺术。教师要依据不同的文本文体，准确地把握课文的情感基调和创立主体的情感倾向，通过准确丰富的有声语言或者形体语言与幼儿进行交流和沟通，以达到在传播知识的同时，对幼儿进行良好的情感渗透的目的。教师的语言不仅要流畅准确，还要富有情感，具有极强的感染力和亲和力，要让幼儿在丰富多彩的语言世界里接受知识，培养能力，陶冶情操，感受语言的美妙。捷克教育家夸美纽斯曾形象地指出："一个能够动听地、明晰地教学的教师，他的声音应该像油一样浸入幼儿的心里，把知识一道带进去。"

一、情感性语言艺术的基本内涵

情感是人对客观事物的一种态度，是人对客观事物是否符合主观需要的内心体验，反映着客观事物与人的需要之间的关系，是人的一种特有的、高级的需要，对于幼儿的学习，尤其是语文学习，具有极为重要的意义。一方面，情感是语文学习中理解和表达的心理基础；另一方面，情感是幼儿智力及非智力发展的原动力。列宁说：没有人的情感，就从来没有也不可能有人对真理的追求。

热情能抓住一个人，因此它是一种巨大的力量，有一定的情感体验和情感要求，才会有相应的智力及非智力活动，幼儿只有对学知识产生情感，才会以极大的热情投身学习。

刘勰说：夫缀文者情动而辞发，观文者披文以入情。幼儿具有了一定情感体验，才能准确理解课文的思想感情和写法，才能细致地表达自己的思想感情，进而写出声情并茂的文章来。因此，语文教学必须重视情感因素，在教学活动中充分开发利用情感因素。也就是说，语文教学的语言还必须具有情感性。

情真意切的语言对激发幼儿的审美情趣有着不可低估的作用。教师的语言表达带有较强的情感性，就可以叩击幼儿的心扉，产生美感效应。动之以情，晓之以理。教师应通过语言用自己的感情激发幼儿的情感，以达到心与心的交流，把真、善、美的种子播进幼儿的心田。要创造教学语言的情感美，教师就必须把情感融汇在对教材内容的深刻理解和体验之中。情感的产生有一个"触发点"，对事物的认识是产生触发点、滋生情感的主要根源。教学中，教师对教学内容应先有深刻的感受和确切的认识，然后通过体验或想象，把主观情感融进相应的教学内容，使教学信息成为情感的载体。

如教学《荔枝蜜》一文，教师只有对作品内容做深入的理解和认识，全方位地体会"蜜蜂精神"并为之感染而深深地爱上那些"蜜蜂"，才能产生情真意切的教学语言。又如，在教学《背影》时，先让幼儿背诵唐朝诗人孟郊的《游子吟》，然后说：这首诗写的是母子情深，把母爱比作是春日的暖阳。其实，父爱一点也不比母爱逊色，可以比作沉默的火山。今天，我们就要学习表达父子之情的《背影》一文。一席话拨动了幼儿的心弦，打开了他们感情的闸门，为学习课文做了良好的心理准备。正如托尔斯泰所说的，把自己体验过的情感传达给别人，而使别人为这些感情所感染，也体验到这些感情。教师激发出幼儿那潜在的纯真感情，使他们在强烈的感情驱使下，受教育，学知识，明道理，懂人生。这种语言已经不再是平常简单的信号，而是加进了某种特殊的感情，从心灵深处迸发出的具有一定艺术性的语言。将这样的语言运用于课堂教学，自然就会把幼儿带进一种良好的思想境界和艺术境。所以，在教学过程中，教师要用充满感情的教学语言，使幼儿在形式上内容上去接受知识，以自己的情绪去感染幼儿，以体态语言去影响幼儿。"唯真情，才能使人怜；唯真情，才能使人怒；唯真情，才能令人叹服；唯真情，才能使人笑。"如果教师无视教材内涵，为讲课而讲课，视情感为任意附加的身外之物，便决不会引起幼儿感情的共鸣，效果当然就不可能好。反之，则事半功倍。

二、情感在语文教学中的意义

情感是语文学习中理解和表达的心理基础，语文教学尤其要重视情感、情感激发、艺术熏陶。幼儿有了较丰富的情感体验后，才能更好地理解文章中蕴含的思想感情，进而写出文章来。关注教学情感，充分调动情感因素，让语文教学走向成功。

教与学的活动是人的活动，因而都离不开对积极、肯定情感的激发、强化与调控。语文是一门典型的包含情感因素的学科，情感是教学目标和任务要求达到活泼的重要制约因素，教师只有充分调动情感因素，发挥其在语文教学中的作用，才能优化语文教学。笔者通过多年的语文教学点滴积累，感悟到情感在语文教学中有如下作用：

（一）情感的双向性

在教学活动中，教师和幼儿在心理上从来是双向流动的。在这个流通过程中，教师向幼儿暗示怎样的情感体验，幼儿就会产生相应的态度来对待教师；教师又根据幼儿的反应加以判断，并表现为进一步的态度，如此循环往复，不断影响，加深着师生间相互的情感交流，师生间形成一种积极肯定的情感沟通，为优化语文教学打下良好的基础。

语文课堂上，幼儿需要情感调动，而教师的情绪就显得尤为重要，因为情绪具有显著的感染性特点，体现了情感的双向性。教师通过情绪的感染，能使幼儿体验到愉快、振奋的情绪，从而引起幼儿模仿或重复进行这一类行为和活动。教师以快乐的心情走进课堂，这种快乐也会感染幼儿，使之心情舒畅，快乐学习。如果教师在课堂上精神焕发，情绪高昂，神采奕奕，面带微笑，幼儿听课时会大大地受到教师的影响，也会精神为之一振，产生愉悦兴奋的感觉，并且会以高度的注意力和高昂的激情投入课堂学习中。按照这样的教学方法，教师教得高兴，幼儿也学得轻松愉快，这样就出现了和谐共鸣的教学效果。反之，若教师走进教室时，冷若冰霜，面无表情，无精打采，幼儿也反应迟钝，情绪低落，甚至昏昏欲睡。这样难以达到预期的教学目标。如在教学毛泽东的《沁园春雪》时，教师以饱满激情、抑扬顿挫的声音来朗读，带动幼儿走进诗歌的意境中，去体悟作者"俱往矣，数风流人物，还看今朝"的雄心壮志，幼儿就会为之充满自信，学得愉快。由此可见，语文教学中的情感是双向性的。

（二）情感的直接性

教学活动中，教师的态度和情感能引发幼儿的情绪体验。这种体验可能是积极的，也可能是消极的。教师在教学过程中通过语言、动作、表情等方式传递鼓励、信任的情感信息，幼儿接受教育就有了肯定的情感体验，就会在情意融融中去看、去说、去想、去听、去感受……这样，幼儿不仅接受了知识的信息，更重要的是还得到了美好情感的熏陶和体验。反之，处于冷漠猜疑、埋怨等消极情感的状态中，因情感上的相悖，幼儿往往会把教师的要求视为恶意或刁难，从而产生抵触情绪，甚而对抗行为，导致教学的失败。

例如，人格上的平等是幼儿最基本的心理需求之一。通过研究表明，幼儿对教师给予的态度都非常重视并且敏感，幼儿非常不喜欢教师的厚此薄彼，也就是对幼儿有亲疏、远近之分，不能公平、公正地对待他们的言行。如果教师在教学中有明显偏见甚至是歧视，对违反纪律的学习成绩优异的幼儿视而不见，或者轻描淡写地说几句；而对同样违纪的学习偏差的幼儿冷嘲热讽、严厉批评，甚至加以体罚。或者在提问过程中，往往把目光停留在成绩优秀的幼儿身上，而对一些学习成绩偏差的幼儿则不理不睬，很少提问，甚至视而不见。这一部分幼儿往往会感到自己被冷落，在情感上与教师拉开了距离，学习积极性受到极大的挫伤，逐渐失去学习的信心，抵触厌学情绪油然而生。幼儿不喜欢某个教师，就会对其所讲的内容心不在焉，失去学该科的兴趣，反之，则爱屋及乌。

因此，教师在课堂教学中要一视同仁，公平对待那些"学困生"，对其的回答多做肯定、鼓励，尽可能多地激发他们学习的欲望与兴趣，点燃他们的理想之火，以此来提高语文教学效果。

（三）情感的迁移性

良好的情感能转化为幼儿积极向上的内部动力，使他们感到知识在他们手中变成了力量，进而增强积极的情感，此时的幼儿富有成就感，信心百倍，积极向上。学前教师要善于激发和强化幼儿的学习热情。热情是一种强烈、稳定、持久的积极情感，热情会驱使一个人前进，促使他们排除万难。近几年出现的"乐学教学""愉快教学""情绪教学法"的实验充分证明了热情地参与和渗透对教学优化的催化促进作用。

苏霍姆林斯基说："情感如同肥沃的土地，知识的种子就播种在这片土壤上。"语文教学不单是认知活动，同时也是情感活动，在传授知识的同时，也伴随着师生间的情感交流。教师要真正确立幼儿在学习中的主体地位，缩短与幼儿的"心理距离"1，在教学活动中形成最佳的情绪状态，积极"强化"使每个幼儿有获优的教学环境，树立、维持和强化自己的威信，充分展示情感的迁移作用。语文教材中几乎每一篇文章都离不开一个"情"字，作为教师，不仅要发掘和运用教学内容已包含的情感因素，也应对教学组织形式进行情感化处理，创设情感氛围，先入情，再动情，最后移情，用自己对文章情感的把握去激起幼儿相应的情感体验，用教师之情去打动幼儿之情，然后再去体验文章之情。采用诵读品味、情境再现、烘托渲染等教学方法去拨动幼儿的心弦，以达到情感的迁移。

总之，在语文教学中，教师从不同的角度，用不同的方法去感染幼儿，由此引起幼儿欢乐、愤怒、感动、同情等体验，使课堂洋溢着"情"的氛围。

三、使教师的教学语言充满感情的方法

语言交流是我们人类最重要的交流方式，在整个教育教学中，语文课是人文类的基础学科，它在幼儿的求知增智和人物塑造以及情感表达上有着举足轻重的地位，随着现代教育理念的更新与语文课改的不断深入，关注幼儿的情感发展，重视幼儿丰富健康的情感培养已成为语文界的共识，学前教师不仅要赋予幼儿雄厚的语文知识和技能，还要塑造和培养幼儿良好的心灵和高尚的情操。要充分利用语文语言这个强大的"情感磁场"对幼儿进行情感教育。

教师恰当的情感语言能使幼儿的学习生活充满激情而富有创意。那么如何使教师的语言充满感情呢？

（一）调动课堂气氛

我们学前教师都知道，课堂气氛是影响教学效果的一种非理性因素，也是构成课堂教学艺术情境的重要组成部分，传统的应试教育由于偏重幼儿认知结构的构建，忽视幼儿情感态度与创新意识的开发，课堂气氛往往显得呆板和单调，没有利于激发幼儿的情感智商，情感态度方面的效果也就不理想。开放式

的课堂教学要求我们学前教师适当地用一些幽默风趣，充满创意的口语来活跃课堂气氛，使幼儿精神愉快，思维活跃，积极参与教学中的思维活动，与教师一起把课堂气氛搞得有声有色，真正做到教师与幼儿联合共演一台戏。著名特级教师于漪就主张"努力把课上得情趣横溢"。魏书生则明确向自己提出"每堂课都要热闹感幼儿有笑声"，在讲授《胡同文化》时，结合课文中"北京人方位意识强，老两口睡觉，老太太嫌老头子挤着她了，说'你往南边去一点'"。可在幼儿风趣的笑声中提问："假若在我们河北，这种情况会怎样说呢？"课堂气氛顿时活跃起来，幼儿纷纷表达自己的看法，这样有创意的课堂教学，教师上得轻松，幼儿学得愉快。

（二）教师的语言要充满激情

语文教学中，教师要依据课文体裁、内容和要求恰当地选择自己的教学用语，要尽量用生动、新颖、优美的词汇来组合自己的语言，力求新鲜、丰富、准确。声情并茂、充满激情、生机的课堂语言能够使幼儿如饮甘露、如沐春风、欣然入耳、愉悦身心，可以使得幼儿们虔诚地、舒心地接受教师的教诲，聆听教师的传授，对所学的知识刻骨铭心，同时也起到了寓教于乐的效果。在讲授元曲名家马致远的《秋思》时，教师可以在幼儿基本理解诗中意象的基础上精心组织选择的教学语言："在深秋晦暗的暮色里，那枯藤老树上，晚归的暮鸦在巢前树头上盘旋着，小桥流水旁一户人家的窗前透过温暖的光亮，乌鸦归巢，家人团聚，而昏昏的暮色里，瑟瑟西风中，奔波在荒凉古道口的游子尚不知投宿何方？"幼儿被这情真意切、生动低沉而又缓慢的语调、准确的语言组合所吸引与感动，许多幼儿很快便想象出一幅深沉悲凉的逼真画面，不由自主地进入到诗的意境，对诗人所描写的元代下层知识分子那种"儒人不如人"的凄苦情感产生深切的同情。再例如讲授《纪念白求恩同志》一文中，结合历史史实，充分把白求恩这个国际主义战士的无私无畏，不怕牺牲，团结同志的共产主义与国际主义渗透到幼儿的心田，在此基础上，也教育幼儿以史为鉴，勿忘国耻，前是之事，后事之师，极大程度地激发了幼儿的爱国热情。

（三）巧妙地运用形体语言

在课堂教学中，动作、表情、姿态等非语言行为是替代有声语言的一种行之有效的辅助工具。苏联心理学家安德列耶娃说过："如果我们脱离沟通过程的非口头手段，沟通过程将是不完美的。"教师恰当的形体语言可以弥补有声语言的未尽之意，能更好地帮助幼儿准确、完整地理解课文中所要表达的思想情感，使情感表达更具有光彩和富有成效，例如，我们在平时的生活语言交流中就免不了有肢体语言的表达，肢体表达也是配合语言交流所不能表达的情感，我们在平时语言交流中的手舞足蹈就是这种肢体语言的表达。

在语文课堂上，教师一定要重视朗读教学，要认识到幼儿在幼儿面前的自我表现意识，尽可能寻找机会让幼儿表现自我愿望的实现。语文教材收录的课文不仅仅名篇荟萃，而且都文质兼美。无论是意境优美的诗歌，还是构思新颖的散文，都往往饱含着作者丰富的情感，也音韵和谐，读起来朗朗上口。教师在进行朗读教学的过程中，不但要读出文章中声调的高低强弱、节奏的抑扬顿挫，更要倾注热烈而饱满的情感带领幼儿去品位、欣赏。叶圣陶称这种朗读为"美读"，他说道："所谓美读，就是把作者的感情在朗读的时候传达出来"，这也就是如孟子所说的"以意逆志"，让幼儿设身处地体会作者当时的心境，如读到委婉处还他委婉，激昂处还他激昂，哀怨处也要表露出哀怨。教师要首先尽情发挥作者当时的情感去感动幼儿。美读得其法，不但能够了解作者说了些什么，而且与作者心灵感通了。通过"美读"让幼儿深入理解体会作品中所涵盖的情感意境、哲理等。如在讲授朱自清经典散文《荷塘月色》时，针对课文语言清丽优美、音律和谐、意境以及环境都很美妙的特点，通过舒缓、浑厚、沉静的朗读让幼儿仔细品味揣摩发音、语感、情思，进而把朱自清在特定历史条件和生活环境中想超脱而又不能超脱的彷徨郁闷和渗透到荷塘月色中的淡淡喜悦和淡淡哀愁很好地表现出来。

学前教师在我们国语的教育中肩负着十分重大的历史责任，要让幼儿能够熟练地运用语言交流以及文字交流，而不出现诸如语法、错别字等错误是不容易的事情，语文教育对于全面提高国民素质起着基础性的关键作用，身居教育前沿的语文教育工作者一定要积极努力，把幼儿们看来枯燥无味的语文课堂通过语言的情感效应变成趣味性、知识性、创新性的乐园。

第五节　文辞美育的基本内涵与意义

语言文学从其诞生之日起，就以其优美的语言、唯美的意境、丰美的形象和淳美的情感激发着人们的审美体验，使人们得到美的享受。作为汉语言文学的浓缩，语文课亦是处处充满美的。语文是美的艺术，语文课堂应创造出诗一般的意境，给幼儿以美感的浸润与滋养。

一、文辞美育的基本内涵

新课程改革给教师的定位是课堂教学的组织者、引导者，同时也是参与者，担负着这几种角色的教师能否用美的语言进行教学直接关系到语文课堂教学的成败，所以，教师一定要努力提高语言的艺术修养，创造课堂教学的语言美。教师在教学中表达、讲解、阐释语文知识、人文知识，要具备准确性、科学性、真理性，要用准确、清晰、真切，具有时代感的语言，精辟、透彻、深刻地揭示出语文的知识美和真理美，以及课文内容所表现的人性美、人情美。教师所运用的语言要具有思想进步性和正确导向性，要有利于幼儿养成高尚的道德情操。总之，美的教学语言要有利于幼儿语文素养和品德修养及审美情趣的培养和提高。

（一）文辞美育是语文美育的起点和基础

"语文是最重要的交际工具，是人类文化的重要组成部分。"幼儿学习语文，首先接触到的，而且接触得最多的便是文辞。"观文者披文以入情"，意思是说，阅读文章的人是通过文辞了解作者情思的。语文学科既是一门基础学科，也是一门具有浓郁美育特色的学科。现行中小学语文教材所选课文大都具有典范性，文质兼美，风格、题材、体裁丰富多彩，富有文化内涵和时代气息，有利于拓宽幼儿视野，激发学习兴趣，调动审美情感。因此，从文辞入手实施美育是语文美育的起点和基础，对提高幼儿的综合素质起着基础性和先导性的作用。

（二）文辞美育是全面提高语文素养的一个重要方面

语文素养包括字、词、句、段、篇的积累，语感，思维品质，语文学习方法和习惯，识字写字，阅读、写作和口语交际的能力，文化品位，审美情趣，知识视野，情感态度，思想观念等内容。《义务教育语文课程标准》对提高幼儿的语文素养提出了明确的要求。可见，全面提高幼儿的语文素养是素质教育的重要内容之一，文辞美育在此起着不可替代的重要作用。

（三）文辞美育归根到底是"情"育

情感性是文辞美育的重要特征。所谓"情"育，就是指教师在审美情感的支配下，用语文教材中美的文辞去"陶养"幼儿的感情。"陶冶的工具，为美的对象；陶冶的作用，叫作美育。"这"陶冶的工具"首先应该是语文教材中美的文辞。由于美的文辞本身具有动情性（我们读不同的文章，就会有喜、怒、哀、乐等不同的心理感受，这就是明证），所以必然会引起审美主体的情感运动，而审美的结果也会对情感本身产生影响，起着陶冶或净化审美主体情感的作用。因而便有了"以我观物，故物皆着我之色彩""登山，则情满于山；观海，则意溢于海""感时花溅泪，恨别鸟惊心""蜡烛有心还惜别，替人垂泪到天明"等现象的产生。因此，在文辞美育的实施中，应特别重视酝酿情绪，创设情境，迅速把幼儿引入审美境界中去。

二、文辞美育在语文教学中的重要意义

口语的表达不同于书面语的表达，书面的表达可以斟酌修改，甚至可以"批阅十载，增删五次"，教师的课堂教学语言是即时即兴，是生成且稍纵即逝的，可谓一言既出，驷马难追。洪宗礼、于漪、魏书生、黄厚江、钱梦龙、唐江澎等名师上的课犹如奇花异葩般绚烂夺目，令人赞叹不已且回味无穷。人们常把看一出好戏、听一曲好歌作为一种艺术享受。而听这些名师上的课又何尝不是一种高雅的艺术享受呢？影视演员的魅力主要靠艺术；而语文名家的魅力不仅靠自身的思想深度、学术水平、艺术修养和人格的吸引力，还靠教学语言的感染力。虽然他们的教学方法、课堂结构各不相同，但是他们有一个共同的特点，那就是通过美的教学语言达到了语文教学的美。

黄厚江教师教授《黔之驴》、于漪教师教授《周总理，你在哪里》、魏书生教师教授《得道多助，夫道寡助》、洪宗礼教师教授《一双手》时，或轻声细语、娓娓动听地与幼儿进行对话，或潇洒倜傥、坦然自若地指挥着全局。幼儿思维活跃，师生双边配合默契，如乐队演奏出高度协调和谐的旋律，形成了美的氛围，进入了令人神往的艺术殿堂。听名师的课，"声入心动"，幼儿在美的语言中感受美的文道。倘使我们具有名师一样的语言功力，那我们的语文教学就会如同室内养有兰花，一定能迸发出不可抗拒的艺术魅力。

再从语文学科自身的特点来看。语文姓"语"，考究的就是语言美。教材内容包罗万象，其社会之美、自然之美、道德之美、艺术之美、人生之美都蕴含在字里行间。语文教学过程就是通过美的教学语言诱导幼儿挖掘、再现、创造这些美，感悟这些美的真谛。众多的教学实践证明，只有通过美的教学语言，才能在教学过程中形成和谐的氛围，使教学双边同处精神高度亢奋的状态，进入智慧与思维的交流之中，取得教学的最佳效果。

现代议论文常常令幼儿畏惧，如果教师能精心设计导入语，课文就不会深奥或陌生，幼儿对文中的道理就会有亲切感。背诵古文会使幼儿头痛，如果教师出口成诵，名言佳句不离口，幼儿就会如飞蝶恋花，喜欢、崇拜，百读不厌。如果教师笨嘴拙舌，气结语涩，幼儿听都听不下去，又岂能心"动"情"动"，享受文道之美。托尔斯泰说过："我们不仅能够表达思想观念，而且还能够把复杂的、色彩最细腻的图画用语言表达出来。"这就启示我们：学前教师认真钻研语言艺术，锤炼出美的教学语言，其着眼点就在于能使自己在课堂上弹奏出动人的交响乐，让幼儿都能成为知音，师生双边互动，荡起思维的涟漪，获得良好的教学效果。

三、学前教师实施文辞美育的途径

美的教学语言能极大地激发幼儿的课堂学习兴趣，美的教学语言能帮助幼儿有效地掌握课本知识，美的教学语言是获得语文教学成功的一个重要保证，那么学前教师在语文课堂上应怎样实施文辞美育呢？

（一）学前教师应该有自己的授课语言

学前教师的语言须有修饰，这就如同演员上场要化妆一样。授课语言的雅致是对母语的尊重，对课文作者的尊重，对听课幼儿的尊重。我们的母语就在学前教师的唇齿之间得以传承，作者的精微思绪就在学前教师的解读中如清泉滋润幼儿的心灵，幼儿的人文素养也在学前教师的劳动中逐渐积累起来。

学前教师自己的授课语言来自对文本的个性化理解，来自对作者深度的负责。在课堂上，学前教师就是作者的知音，他通过课堂实践让作者复活，甚至来到课堂中间。一篇篇美文只有用美词来讲解，用心灵来感知，才会发觉其中之美。美在文字中，美在学前教师的心里，呈现在课堂的交流中。实际上，每一位学前教师都可以称得上是美的创造者和追随者，学前教师通过自己的授课方式将作者不可复制的心灵悸动传达给幼儿，让教师、幼儿、作者三者同时融入作品当中。

学前教师枯燥乏味的语言戕害了课文的生命，技术肢解的操作贫乏了幼儿的感受。当我们不能拥有语言的魅力，语文课就是一块被晒干的海绵，生涩地擦过幼儿蒙尘的心灵，只留下痛苦和伤害。

精致、优美、温润、激情、典雅、睿智，这只是好的授课语言的一部分。学前教师的语言修养没有极致，他永远感到缺憾，永远不能把作者的心思说完。语言的风格就是教学的风格，充满个性风采的教学语言是学前教师金色的标签。

（二）学前教师的语言要追求魅力

学前教师的语言魅力在于辞采丰美，在于打动人心，在于激情飞扬，在于犀利智慧。要做到辞采丰美，学前教师必博览群书，必工于行文，必勤于积累，必乐于表达。爱一切，心灵柔软；亲所有，悲天悯人。学前教师能够看透纸页背后的阴晴风雨，他讲课的过程一如花的开放，从心里涌出美丽，从心底散发芬芳。他那么专注，仿佛他是唯一的天使，他说的话比神的诉说还要优美。他像一位超级魔术师，唇边的花瓣永远也落不完。凋落的花瓣只是美，但并不炫目，凋落只为结出实实在在的果实。

学前教师要激情飞扬，先要进入角色，先要燃烧自己。备课时，学前教师如蜜蜂采蜜，忙碌之中也让自己陶醉在花香里。传神之笔足千秋，不是情人不泪流，若非销魂行间里，哪得精致脱口出。激情之语打动心灵，激情之语抒发自我，激情之语让心裸露。激情是语言强劲的翅膀，载着幼儿的专注神情飞向精神的高地。激情迸发的学前教师丝毫不会感到疲惫，美妙的宣泄带给幼儿的语文素养的提升让人欣慰无比。

学前教师的语言有时犀利脱俗，闪着智慧的光芒，掠过少年的心野，留下惊艳的划痕。分析透彻、言简意赅、一语中的、语出惊人，一语点醒梦中人，玩味再三意无穷。语文课离不开思维训练，大智者只需学好语文；语文课要开掘幼儿智慧的源头，语言是最有力的镐锄。平凡的沙子里有真金，平淡的语言里有深意，学前教师要教会幼儿品味汉语言的妙处，点点滴滴都在培养鉴赏能力。思想在语文课上应异常活跃，少年才俊的思维永远鲜活。

（三）学前教师的语言应偏重书面语

书面语不仅正式，而且成熟，并且正确通用。教师不能一直用大白话进行讲课，口语化的授课尽管好懂，但是恶俗、寡淡的语言表达会导致师生觉得课堂无力、枯燥、泄气。书面语在正式的面孔下更注意修辞，以书面语讲课，将规范的汉语使用示范给幼儿。听学前教师讲课应该是一种享受，像听诗歌朗诵，像听音乐演奏。出口成章就是要求人说出口的话像经过润色的书面语。达到这一标准并非高不可及，只要有意训练，肯于实践，学前教师完全可以随时口吐莲花。

学前教师恰当地使用排比和比喻这两种修辞。排比铺排出语言的气势，一气呵成的快感极具穿透力，冷漠的堤坝根本无法抵挡。像孟子那样雄辩滔滔，沿着他的胡须滚落的语言比雷声还响。学好比喻和排比，学前教师的语言才会有进一步的提高。比喻让人感到亲切，化晦涩为新奇，变抽象为具象，描摹事物穷形尽相，抒发情感细致入微。比喻佳句不会总是妙手偶得，长期的语言训练，细致的观察生活才是比喻不竭的源泉。

在积极推进素质教育、崇尚人的全面发展的今天，教育工作者，尤其是语文教育工作者应当首先立足文辞，引导幼儿揣摩文辞的自身美、传达美，以及引导他们去发现美、感悟美、体会美，鼓励他们评价美、审视美、表达美、创造美，从而陶冶他们的审美情感，强化他们的审美意识，纯洁他们的审美理想，塑造他们热爱美、追求美的健康心态，使他们能够自觉地远离假恶丑而接近真善美，为他们健全人格的形成与发展打下坚实的基础。

第六节　启发性语言艺术的基本内涵与途径

"教师的语言在很大程度上决定着幼儿在课堂上的脑力劳动的效率。"教育家霍姆林斯基如此认为。所以说，教师不仅要有过硬的专业知识，而且要懂得语言的启发艺术。也只有很好地掌握了语言的启发艺术，才能点亮幼儿的思维之灯，燃烧幼儿的智慧之火，大大提高语文课堂的教学效率。

一、启发性语言艺术的基本内涵

教育的主体是幼儿，教师在将书本知识和教学用语融合成课堂语言进行教学的过程中，要激励幼儿更积极主动地学习。教师的语言应具有启发性，应该像催化剂一样，启发幼儿的心智，振奋幼儿的神经，促使幼儿思辨和产生联想，以此开启幼儿心灵的窗户。"不愤不启，不悱不发"，教师富有启发激励性的语言是调动幼儿学习主动性和积极性，发展幼儿智力的有效手段。幼儿正处于成长的过程中，可塑性大。教师要注意观察每一个幼儿的优点和长处，善于发现他们思想上的闪光点，并用热情洋溢的语言激发、鼓励他们不断进取，进而获得成功。

对于任何一个阶段的幼儿来说，心理因素都是很重要的，幼儿总是非常重视教师的评价。课堂中，教师每一句可能自以为无恶意的评价往往会左右幼儿的听课情绪，以及听课效果，这一点正是证明了教师的期望对幼儿的作用。针对这点，教师可以将课堂中对不同层次幼儿的随意点评改变成为可以激发幼儿、促使幼儿更积极思维的特意性评语，从而达到提高兴趣，强化效果的目的。如"你分析问题这么透彻，真希望每课都能听到你的发言。""真不错！""虽然这句话读错了，但教师和同学们都很佩服你的勇气，下次努力！"，等等。简单的一句评语会使幼儿信心大增，特别是那些自信心缺乏的幼儿。又如当某幼儿被提问时，答案与正确答案出入较大时，教师简单粗暴的指责及烦躁情绪只会使他更紧张，甚至思维停滞，以后会更加害怕上此门课程，形成恶性循环，假如对他说："你的思考方式很有特色，但与这个问题的正确思路稍有出入，换一个角度想想，或许会有新发现的。"这样就激励了被提问的幼儿，使他有了进一步思考的信心。幼儿有这样一位教师和风细雨地鼓励和引导，就会没有任何心理负担地投入学习，自然会争先恐后地发言。

总而言之，好的语文课堂教学的语言应当是生动的、鲜活的、有生命力的、具体的，学前教师应不断提高自己的语言修养，熟练掌握语文教学的语言运用技巧和艺术。只有不断锤炼自己的课堂教学语言，让自己的课堂教学语言艺术一次又一次在和幼儿睿智的对话、碰撞、交融中成长起来，才会为打造魅力课堂奠定坚实的基础。

二、渗透启发性语言艺术的途径

幼儿思维的启动往往要从引起幼儿的惊奇和疑问开始。在语文课堂上，学前教师要善于激发幼儿的思想意识，调动幼儿主动去思考去学习的主观动力，然后引导幼儿质疑提出问题，有意为幼儿制造悬念和创设意境，从而激发幼儿思维的积极性和求知渴望，使他们自己水到渠成地找到答案，这样不仅能使幼儿掌握知识，而且能让幼儿发展智力。为了提高语文课堂的教学效率，教师要掌握使用多种启发性语言艺术。

（一）增强课堂语言的"浸润效应"

所谓增强课堂语言的"浸润效应"，就是让幼儿在回忆已经学习到的知识，体味曾经的生活经验的基础上，开启新知识的大门，加强了课堂语言的"浸润效应"。"浸润"原是国画上的术语，这里借用它表示知识经验的义项，即由旧及新，由一点到一片。对知识的浸润效应，常见的有如下两种：其一，相关知识的直接浸润。不少新知识、新概念是旧知识、旧概念的发展。教师讲新课时，就宜从旧知识、旧概念的复习入手，使之产生浸润，完成新课的讲授。如讲什么是整句，若从概念出发，会越讲越糊涂。笔者曾吃过这样的苦头。再讲整句时，笔者就先找出已学过的课文中不同类型的整句让幼儿分析其结构，幼儿很容易发现有的整句是对偶句，有的是排比句，这时再引出整句这个概念，并与散句比较，这样，教学就水到渠成了。其二，新旧知识的对照浸润。有些新知识、新概念难以从旧知识、旧概念中直接浸润。讲授这些知识时，就需要教师从已学过的知识中找出与新知识的相类点进行对照，产生浸润。如讲文言文中的使动用法，笔者就从现代汉语的兼语句复习入手，让幼儿厘清主语与兼语、兼语与谓语及谓语的延伸的关系，然后才讲使动用法，并将兼语句与使动用法句子的今译进行比较，使幼儿较顺利地理解并掌握使动用法这一概念。

（二）增强课堂语言的"激励效应"

"激励效应"就是让幼儿从教师的言谈举止中得到信心，产生不辜负教师期望而勇于探求知识的强烈欲望。比如，课堂上教师常这样提问："谁可以回答这个问题？""谁能回答这个问题？""谁愿意回答这个问题？"问话中的"能""愿意""可以"等词语的运用就不尽妥当，往往会抑制一些幼儿的积极性，产生"逆激励效应"。所以，教师必须精心选择富于启发性的课堂提问语言。对较简单的问题，教师可以说"请同学们谈谈这个问题"；对有一定难度的问题，教师可以说"请同学们考虑，谈谈自己的看法"；对难度较大的问题，教师则应鼓励说"让我们共同探讨一下这个问题，集中大家的智慧来解决"。对于幼儿回答中片面的甚至是错误的答案，教师不但不能有丝毫责怪，还应真诚地赞许幼儿的勇气,肯定其发言所起的堵塞了一条歧路的作用。对难度大的问题,设计应有两个梯度,使幼儿由易到难,由浅入深,以求最后解决问题。课堂问题的设计还必须面对全体幼儿,有易有难,让各类幼儿都能进入思维的最佳状态,互相启发,共同提高。

（三）增强课堂语言的"碰撞效应"

"碰撞效应"就是教师有意设置矛盾,激起幼儿争论,让课堂进入辩论状态,或让幼儿在自己的脑海里激起波涛,引起发散思维。对教学重、难点,最好在课堂上引发碰撞,通过激烈争论,明辨是非。比如在教学《爱莲说》和《陋室铭》时,文后有一道练习要求幼儿掌握什么是骈句和散句,若从概念出发,会越讲越糊涂。后来再讲骈句时,笔者就先找出已学过课文中不同类型的骈句让幼儿分析其结构,幼儿很容易发现有的骈句是对偶句,有的是排比句,这时再引出骈句这个概念,并与散句比较,这样,教学就水到渠成了。这样,幼儿就懂得,原来古人作文很讲究韵律美,骈散句结合,讲究押韵,如《陋室铭》押的就是"ing"韵,构思精巧,立意鲜明,文句精美,又朗朗上口。骈句是指结构相似、内容相关、行文相邻、字数相等的两句话,古诗文中的一些对偶句、排比句都属于骈句。骈句以外的句子都叫散句。这样,幼儿就很好地掌握了这一知识点。

（四）增强课堂语言的"发散效应"

教学中,教师若能通过耐人寻味的语言循循善诱,提供一些思考问题的线索,让幼儿自己动脑去探讨解答问题的方法,从而获得知识,"牵一发而动全身"。我们要寻找文章的"空白",于无声处感受文章的震撼力量;寻找文章的"症结",于难言处把握情感和态度;寻找文章的"瑕疵",于缺陷处培养严谨的学风;寻找思路的"切口",设身处地地体验作者的态度。设问无疑是启发式教学的有效手段之一。我们要问之有物,论之有实,有意识地把已学知识与未学内容联系起来,把课本知识与现实生活联系起来;问之有德,文质兼美,在课堂中要注意挖掘内容的德育因素;问之成理,论之有据,以理服人,注意从已知到未知、感性到理性,注意观点和材料的统一;问之有序,条理清楚,使在重点、难点、疑点等关键问题上能够得到透彻的理解。尤其要注意运用发散性提问、开拓性提问、疏导性提问、铺垫性提问,使幼儿在教师的引导下受到启迪,探求新知识,掌握新内容。

第四章　学前教师语言艺术与表现形式的特殊性

第一节　学前教师的语言强调规范、有趣、有启发

由于幼儿园是一个相对较为特殊的环境，所以学前教师语所使用的教授语言必然也具有一定的特殊性。学前教师的语言是引领幼儿进入知识殿堂的钥匙，也同样是架起与幼儿相互沟通的桥梁。学前教师的语言能在活动过程中化抽象为具体、化平淡为神奇、化深奥为浅显，从而极大地激发幼儿的学习兴趣，引起幼儿的注意力和求知欲，提高幼儿的审美能力，陶冶幼儿的情操，对幼儿的成长和发展起着非常重要的作用，这正是学前教师的语言魅力所在。

一、语言应具有标准性

讲普通话已经是全社会的趋势，幼儿期是学习语言的关键期，这个阶段，幼儿语言的可塑性相当强，成人的一言一语都会被幼儿模仿。对于奋斗在教育战线上的教师，一口标准、流利的普通话是基本功。因为教师的语言是幼儿语言的样板，教师只有使用准确、规范的语言，才能对幼儿产生好的示范效应。为幼儿创建一个好的语言环境是基础。比如有些幼儿受方言的影响较大，n、l 不分，前鼻音、后鼻音不分，卷舌音、翘舌音不分是十分常见的；某些孩子的普通话里经常夹杂着方言，讲一会儿便会蹦出几句家乡话，听着很别扭。

考虑到孩子将来的语言发展，教师在一日活动（来园、游戏、就餐等）的各个环节中都坚持用普通话交流，对幼儿进行良好示范，当孩子普通话不标准时及时纠正，并有目的地与其家长沟通，请家长在家与孩子坚持用普通话交流，创造好的语言环境。以帮助孩子习惯用普通话交流，不要说上课、游戏，甚至

课间休息也能听到孩子用普通话在愉快地交流。

教师无论在任何场合，尤其在课堂教学中必须说好普通话，而且语言要准确、简洁，谈吐清楚，声调高低要因内容而定，需高则高，需低则低，表达语意明确，无病句。课堂教学中，教师必须使用学科术语，精确恰当地阐述概念、定理、公理，科学规范地推导定理、公式的形成过程。教师要讲究推理的严密性、计算的准确性、思维的逻辑性，具有了这样的语言水平，才能提高教学效率。

二、语言应具有逻辑性

"精"是指教学语言要短而精，少用附加成分过多的长句、复杂句，以避免幼儿理解困难。同时，语言精练还要求教师简明扼要地表达教学的重点和难点，少说"废话"。教师的语言不在多而在精，口若悬河和侃侃而谈都不是教师所追求的。心理学研究表明，儿童最长可以有意注意的时间只有 10 ～ 15 分钟。因此，教师应力求在幼儿注意集中的时间内，用精简的语言有效地解决问题。有的教师在教学中常犯的毛病就是太过啰唆，特别在提问与幼儿回答这个抛接过程中，丢给幼儿的问题不够精简，对于幼儿反馈给教师的信息无法很好地引导下去，往往会在一个问题上重复多次，造成教学冗长乏味，教学效果事倍功半。教师设计教学活动时，一般都要求自己备详案，努力斟酌上课时要说的话，尽量避免教学中的啰唆。

光简明、精练还不够，语言还须有它的逻辑性。教师在使用语言时要注意内容的科学性和表述的逻辑性，以使幼儿掌握正确的信息，促进幼儿逻辑思维的发展。

三、语言应富有趣味性

幼儿园教育与中小学教育的最大不同点在于学前教师的语言应当更生动、有趣、形象、活泼。如果像播音员一样说话，则只能让幼儿感到生涩，毫无情趣；如果教师像老和尚念经似的说话，只能使幼儿昏昏欲睡。但是太过"儿童化"地将吃饭说成"吃饭饭"和"成人化"地将早晨景色描述成"雄鸡报晓"等都不合适。这就要求教师的语言形象、生动，富有趣味性。

生动形象的语言能激发幼儿的学习兴趣，把幼儿潜在的学习积极性充分调动起来，使他们在愉快的气氛中自觉、主动地学习。进行故事教学时，教师讲故事的语言应该夸张、生动，富有趣味性，扮演鸭爸爸时，用又粗又涩的声音；演绎毒皇后时，用恶狠狠的腔调；表现狐狸时，用阴阳怪气的语调等，这样形象的表现把幼儿带入了童话世界，之后的交流、教学也会比较顺利且充满活力。因此，我们要善于从幼儿活动的实际出发，在抓住幼儿特点的基础上，使用生动、形象、富有感情、具有感染力、贴近生活的语言，有效激发幼儿的表达兴趣。

在教育教学中，师生的双边活动处于错综复杂的状态，经常会出现某些意想不到的情况。这就对教师提出了更高要求，我们要学会敏锐地发现问题，因势利导，及时运用灵活的语言开展教学。这绝非一日之功，而是需要教师日积月累，所以要有意识地提高自己的语言修养。"言为心声"，教师有高尚的师德，其语言才可能健康、文明、美好。

四、语言应富有激励性

在教师的语言中，语音的轻重、语调的升降、语气的强弱等都是传递信息的有效手段。这就要求教师的语言有激励性，鼓励和支持幼儿是幼儿学习和发展的重要前提，当幼儿遇到问题不能正确解决、感到灰心与无望时，教师要用积极的语言引导幼儿探索。因幼儿时期的孩子往往自信心不足，他们害怕失败，不敢大胆尝试，常常会沮丧地说："老师，我不会！老师，我不行！"这时教师一句激励的话语对孩子来说显得尤为重要。如在区域活动时，经常会有幼儿不敢自己动手操作，总想依赖教师，这时，教师可以说："你去尝试一下，你肯定行的；失败也没关系，你试试看，就会了"，等等。特别是美术课，总有小朋友迟迟不肯落笔，于是笔者就用积极的语言鼓励他们。有时一个鼓掌、一个微笑、一个信任的目光、握握手、摸摸头、拍拍肩等简单的肢体语言都会让幼儿很高兴、很温顺，表现也会更好。多年来的幼教工作实践使笔者深深地体会到：合理、巧妙地运用激励语，会养成幼儿良好的生活和学习习惯，培养他们开朗活泼的性格，潜移默化地影响他们的意志品质。

五、语言应具有"诗"感

富有诗意、具有韵律美、节奏明快的语言可以使教学出神入化，起到画龙点睛的作用。比如，小班幼儿自理能力通常比较差，经常会出现将鞋子穿反的现象。教师在教幼儿穿鞋子分清左右脚的方法时，可以采用形象的比喻，比如可以告诉幼儿："左边的鞋是鞋妈妈，右边的鞋是鞋爸爸，爸爸和妈妈是一对好朋友，永远不吵架。"在教幼儿叠衣服时，笔者告诉幼儿："扣子找扣眼，袖子找袖子，衣服弯弯腰，帽儿点点头。"这些节奏明快、朗朗上口的儿歌使幼儿在诗情画意的氛围中轻松自然地学会了穿鞋子、叠衣服等本领，不仅提高了自理能力和审美能力，而且陶冶了幼儿的情操。在绘画教学中，教师可以将所画的内容按步骤、要求编成生动形象、简短易懂的儿歌，边画边说。比如，教幼儿画鱼时，我们可以一边画，一边说："一条小鱼水中游，摇摇尾巴点点头，一会儿上，一会儿下，游来游去真自由。"这样就逐步画出了鱼身、鱼尾、鱼头、上鱼鳍、下鱼鳍和鱼泡泡，这种"诗"化的语言不仅激起了幼儿绘画的兴趣，帮助幼儿顺利地完成了绘画活动，而且发展了幼儿的语言能力，可谓事半功倍。

第二节　学前教师的语言应"儿童化"，以声传情

学前教师的教学语言在幼儿教育中占有很重要的地位，直接影响到幼儿语言的发展。这就要求学前教师必须在符合幼儿年龄、心理特征和接受水平的前提下，为课堂教学做出良好的语言示范。

一、学前教师语言"儿童化"的特点

幼儿园阶段，孩子的语言发展是一个关键时期，培养和发展幼儿的口头语言，能够对幼儿认知能力的发展以及为其学习书面语言打好基础，具有十分重要的意义。

（一）标准规范

教师的语言是幼儿语言的样板，教师使用规范的语言，才能对幼儿产生良好的正面示范效果。作为一名学前教师，我们应用心学习普通话，克服方言土语的干扰，加强语言的基本功训练。不要平、翘舌不分,将"吃饭"念成"七（qi）饭";不要 n、l 不分，将"喝牛奶"念成"喝流来";甚至将"鞋子"说成"孩子"（方言）等。和幼儿在一起，要有意识地矫正自己的发音，力求做到发音清楚、吐字准确、不念错字、不使用方言。

教师在使用语言时应力求逻辑性，使其内容符合事物的客观规律，避免说出前后矛盾的话。例如，我们表扬幼儿时，喜欢说："今天表现最棒的有某某、

某某……"其实,一个"最"字表达的是独一无二的意思,但我们却随意地在"最棒的"后面说出了好多个。这种看似微不足道的小错误,时间一长,也会对幼儿产生影响。

教师应具备高尚的师德,使用文明健康的语言。比如,有的小朋友上课总是调皮,如果教师生气,对他喊道:"你真是个淘气包!"就有可能使得其他小朋友也跟着冲他喊:"淘气包!"这种情况还可能有持续的效应,比如明天小朋友来教室,还有可能被别的小朋友叫"淘气包"。这样就极有可能给小孩子的心理造成不好的影响,教师也难免会产生愧疚心理。作为教师,我们应避免使用"滚出去""笨死了"等不文明的粗俗语言。

(二)态度和蔼积极

良好的情感氛围是幼儿有话想说,有话敢说,有话愿意说的必要前提。教师应为幼儿创设愉快轻松的情感氛围,应从情感上、行动上亲近他们,让幼儿对自己产生认同感、安全感和依赖感,使其保持轻松愉快的情绪,产生想说话的愿望,从而推动和促进幼儿语言的发展。所以在教学时,教师对幼儿自发的言语活动应采取一种开放的心态,在休息和游戏的时间,也应允许并鼓励他们相互自由谈话,而不要求他们鸦雀无声,让他们轻松自然,没有顾虑,畅所欲言,充分增加他们说话的机会和交流的自由。

发挥教师语言的积极暗示作用很重要,积极的暗示会增加幼儿积极的行为,因为幼儿很容易受到周围环境的暗示,这包括在语言上的暗示,有时教师语言过于命令性与催促性,易给幼儿带来消极的暗示作用。如教师在活动中经常性地使用"快一点""不行""不能"等词语,可能会使缺乏自信心的幼儿觉得自己慢了、做错了,因此教师才会催促自己、命令自己。这种长期的、消极的暗示易使这些幼儿质疑自己的能力,不利于幼儿自信心的培养,也易使一些"弱势幼儿"担心活动中自尊心受到威胁而产生过多的心理负担。

因此教师在活动中也应更多地使用"很棒""很好""不错"等带有积极暗示的词语,这样可以让幼儿更易受到教师语言的积极暗示作用,不仅利于幼儿生理的健康发展,更利于幼儿心理的健康发展。对性格不同的幼儿,教师应采取不同的态度语,具体来说,对性格较为敏感、容易紧张、适应能力较差的孩子,教师的语言应更多地采用亲切的语调、关怀的语气对他们说话,消除幼儿紧张的心理；对反应较慢的幼儿，教师的语言在语速上应适当地慢一些，这样显得更有耐心；对性格较急的孩子说话时，教师的语调要显得沉稳，语速适中，使幼儿焦躁的情绪得以缓和。

总而言之，教师对待幼儿的态度决定着教育效果的成败。学前教师的语言绝对不能是千篇一律的，对不同的幼儿必须采用不同的语言表达形式，如此才能使教师的语言起到良好的教育效果。

（三）语言避繁求简

鼓励和支持幼儿是幼儿学习和发展的重要前提。在幼儿遇到问题或困难时，要及时地予以鼓励。教师的鼓励对幼儿来说是一种力量，会让幼儿得到极大的鼓舞，增强幼儿的自信心，对幼儿的身心发展是极为有利的。笔者班幼儿在进行绘画时，笔者发现浩浩不敢动手，担心出错，总想依赖教师。这时笔者就会对他说："你试试看""这件事应该难不倒你的""没关系，再来一次""老师相信你""你一定行"等这样的语言来激励他，这些语言对幼儿来说，无疑是一种支持性的力量，可以成为幼儿解决问题的动力，坚定完成任务的信心。当幼儿有自己的发现和看法时，教师也应及时鼓励，不要吝啬"你真行""你的想法很特别！"等这样的语言，给幼儿极大的鼓舞并激发他们进一步表现的欲望。

幼儿年龄小，理解能力较弱，这就决定了教师在使用语言时应当避繁求简。①多用"散句"。即将一个长句拆为几个较短的词语单位来进行表达。如笔者在上《认识冬天》一课时，就这样问幼儿，冬天到了，天气、花草、树木、小动物、小朋友的衣服都有哪些变化？教师让幼儿一边想，一边回答，利用散句引导幼儿讲出冬天与其他季节的不同；②多用儿童熟悉的，富有表现力的词语与句式，避免过多生疏的附加成分。如幼儿不愿吃蔬菜时，我们说："蔬菜里含有大量的维生素，可以给身体提供所需的营养，预防各种疾病，提高免疫力。"幼儿不易理解，效果也不尽人意。而改成念儿歌："大萝卜，水灵灵，小白菜，绿莹莹，多吃蔬菜身体好，壮壮实实少生病。"幼儿就易于理解、接受。

（四）语调抑扬顿挫

幼儿阶段，孩子的语言正开始发展，很多孩子说话发音还不是很清楚。学前教师通过语调的高低升降和抑扬变化，可以为孩子创造一种和谐的教学情境，使他们受到熏陶和感染。这样，能让孩子在一个良好的语言环境和氛围当中学习，能使他们的语言更好地发展。

音调的变化是表现儿童情趣的重要方法。汉语是有声调的语言，讲究声律，因而声音悦耳，节奏鲜明。教师可以根据不同年龄、不同对象的特点，凭借高低抑扬、富于变化的音调吸引孩子的注意。比如在讲故事时，从音调上来说，儿童的声音细嫩、语调偏高，小姑娘声音清脆悦耳，老人的声音低沉沙哑、语调自然较低，语调要随着人物性格和故事情节的变化随时调整；从语速上来说，小孩和老人讲话语速较慢，青少年讲话语速较快。不同性格的动物在讲话上也有区别，如老河马老了讲话慢腾腾，小猴性急讲话快。教师掌握了这些特点后，配之恰当的肢体（态势）语言和夸张的面部表情，使人一看就懂，手势动作幅度要小，符合幼儿小手小脚的情况。这样就可以给人以亲切、天真的感觉，使故事有声有色，充满儿童情趣。只有抓住幼儿的心理特点，用贴近童心的语言，才能顺利地解决问题。

（五）讲述形象生动

幼儿对于鲜明的、闪烁着色彩和发出声响的形象感受十分深刻，并能牢牢地铭刻在记忆中。因此教师要善于利用辅助工具完善讲述内容，借助色彩鲜明、主题突出的教具吸引幼儿的注意力，以达到讲述预期的效果。例如在故事教学中的常用教具有彩色挂图、木偶、手偶，等等；古诗词欣赏可以尝试运用多媒体进行演示，加上教师生动形象的讲解，让幼儿通过感官领略丰富多彩的外部世界，从而拓展认知和思维的空间，培养幼儿的想象力和创造能力。通过教师绘声绘色的描述和演示，能够使幼儿一边看，一边听，一边产生有关事物的各种想象，并且能随着教师的语言在头脑中如过电影、放录相一样地出现一幅幅栩栩如生的画面。同时，幼儿透过教师有趣、生动、活泼的语言艺术，可以探知教师的思维进程，体验到思维过程中的快乐，从而可以激发幼儿思维的兴趣，发展幼儿的思维能力。

（六）提问设计巧妙

教师通过启发式、探究式的教学语言鼓励幼儿积极讨论，积极进行探索，而且教师和幼儿一起讨论，一起探索，这能使师生在精神上相互回应，相互碰撞，从而作用于彼此的心灵，开启幼儿的智慧、情感之门，使儿童的智慧、情感在师幼心灵相互交融的溪流中得到生机勃勃的发展。

比如教师在引导幼儿观察故事图片时问，你还发现了什么？教师在幼儿操作时问：你还能想出和别人不一样的方法吗？为什么是这样的？这种启发性的问题就像一根火柴棒点燃、擦亮幼儿智慧的火花，可以促进幼儿观察，引起他们的思考，更有利于促进儿童创造性思维的发展，同时也为师生间的互动打下了良好的基础。

由于幼儿时期不识字或识字不多，教师的语言更是幼儿教育的重要手段。作为学前教师，有责任让幼儿在语言发展的关键期得到良好的指导和培养。因此，我们应将幼儿语言教育放在一个重要的位置，为幼儿一生的发展打下良好的基础。总之，教师必须掌握一定的语言艺术和策略，并适时灵活地运用到教学中去，把握好分寸，同时再拥有一颗善良美好的心，就必然会产生出与心灵共频共振的艺术性语言，架起与家长、幼儿紧密联系的沟通桥梁。

二、教师的语言应富有美感，以声传情

苏霍姆林斯基指出："教师讲的话带有美的色彩，这是一把最精致的钥匙。它不仅开发情绪记忆，而且深入到大脑最隐蔽的角落。"如果教师的语言具有美感，会让幼儿得到美的享受，从而丰富幼儿的情趣，激发幼儿的无限遐想，使幼儿的心智得到最大限度的发展。

（一）语言的节奏美

语言的节奏控制在语言表达中显得尤为重要。语言的节奏应有高低快慢、轻重缓急、抑扬顿挫的变化。在幼儿园故事和儿歌教学中，对于表现激烈、亢进的学习内容，就用快而急速的节奏讲述；一般表现宁静、优美的学习内容，可用慢而轻的节奏来讲述；表现神秘或危险来临等学习内容，可用欲言又止、略带停顿的节奏讲述，使幼儿产生渴望的心理和紧迫感。教学语言的轻重缓急能渲染出与教学内容相吻合的、富有变化的课堂气氛，能使幼儿产生渴望听课的兴趣，让幼儿的思维迅速进入学习状态，从而增强学习语言的效果。所以说，教师的语言是否具有节奏美，对整堂课的成败起着举足轻重的作用。

（二）语言的童真美

教师充满真情的爱是幼儿健康发展的营养剂。优秀的教师都有一颗对教育倾心付出的责任心，能够站在幼儿的角度去考虑，能够为幼儿付出自己全部的爱，能有一颗纯洁、真挚、充满活力的童心。就如马克思所说，在一个"更高的阶梯"上把自己的真实再现出来,使自己的语言为教育对象所欢迎并乐于接受。

（三）语言的音乐美

倘若将一堂课的教学比作一首乐曲的话,那么富有音乐美的语言就是教师理想化的语言。不可能每位教师的嗓音都像歌唱家的那样美妙动听,但也要学会正确的发音方法,至少让自己的语音、语调做到和谐、自然。教师要善于运用自己的声音美传达出内容的思路,把幼儿带入学习的意境中去。例如,《春天在哪里》是一首深受大班孩子喜爱的歌曲,它以天真活泼的语气歌唱美丽的春天,抒发心中无限欢乐的感情,把幼儿的思绪带进春天的意境中,让幼儿感受到春天的春意盎然。

（四）语言的情趣美

在每一个幼儿心灵中都有一个丰富多彩的幻想天地。而发展幼儿这种想象天赋则是教师义不容辞的责任。他们在口语表达中经常性地使用拟人、比喻、夸张、摹状等修辞手法,表达幼儿想要表达,但是又不能准确表达的那些独特感受,反映出幼儿眼中的现实世界和心中的幻想天地。让孩子在兴趣盎然的情趣中进行思考,受到启发,得到教育,获取知识。

（五）语言的形象美

由于幼儿年龄小、语言贫乏、接受能力较弱,在教学过程中,教师的语言应尽量形象、具体、童趣化,并恰当地配合生动的表情变化、形象的动作演示、灵活的眼神提示等。例如,讲故事时,要用生动形象的语言表现不同角色的声音特点和性格特点;在数学活动中,运用形象的描述、对比等方式,使幼儿对数学的学习内容容易听懂。倘若教师在教学过程中一味地平铺直叙,言辞陈旧,毫无激情,这样的教学方法是无法唤起幼儿的求知欲望的。因此,学前教师要善于从幼儿心理条件出发,抓住幼儿教育的特点,多使用生动、形象、新奇、有感染力、富有感情、贴近幼儿生活的语言,这样才能有效地激发幼儿活动的兴趣,提高幼儿的主动性。

（六）语言的理趣美

学前教师善于根据教育教学的需要,在不同的时间、场合、地点、语境、背景,根据不同的对象、对象的不同心境等决定说什么和怎样说,其核心就在于如何说才能真正爱护幼儿。教师在准确把握幼儿生理、心理特征的基础上，于简洁传神的语言中蕴含着幼儿终身受用的哲理。

三、教师语言应富有情感

"培养幼儿注意倾听的习惯，有助于发展幼儿语言的能力。"幼儿的倾听能力会影响幼儿的学习和语言能力，要使幼儿从小养成良好的倾听习惯，为幼儿终身学习的语言交流奠定基础。经常听到教室里传来"你们给我安静""你们别再吵啦"这样的话语，喊的人累，听的人也觉得累。孩子们的声音甚至比你还高。教师在喊出来的时候显然没有想过用更好的办法解决问题。

一次市"百节好课"活动中，一位教师上的美术课《老博士种树》让笔者感触颇深。活动开始时，笔者只看到教师的嘴在动，却听不清她的声音，必须集中精神才能听清她在说什么。为了能够听清教师的话，幼儿一心一意、全神贯注。教师之所以把声音放得这么轻柔，是为了培养幼儿良好的倾听习惯。新纲要指出，"教师应引导幼儿有意识地注意倾听，能听懂所接受的语言（同伴的、成人的、媒体的），理解对话和儿童文学作品的主要意思"。反思笔者自己的日常工作，嗓门儿总是很大，就怕孩子们听不清，但效果却不尽如人意，声音越大，孩子们的注意力反而越不集中，或者坚持不到五分钟就开始闹。听这位教师上课很舒服，像是在享受，幼儿自然而然会感兴趣，喜欢听。所以，学前教师的语言应该轻柔、优美，让孩子们听来是一种享受。

情感性语言就是教师的语言应充满情感色彩，教学艺术不在于传授知识，更重要的在于唤醒、激励、鼓励。幼儿正处在成长过程中，可塑性强，教师应当注意了解幼儿的每一个优点和长处，发现他们的每一点进步，并以语言加以肯定和赞扬，激发和鼓励他们不断进步。我们在长期教育教学中发现，教师富有情感性的语言能够拨动幼儿的心弦，引发他们的情感共鸣，激发他们对幼儿园生活和学习的兴趣。

比如，新入园的小班幼儿情绪波动大，早上来园时容易大哭大闹，为了使幼儿顺利入园，早晨教师在接待幼儿入园时由原来的简单问候语转换为亲切的情感性语言："宝宝，你今天穿的衣服真漂亮"，这样会让小女孩向同伴炫耀一个上午；"宝宝，你来了，教师好想你呀"，会让幼儿高兴得不得了……由此渐渐消除幼儿对陌生环境的恐惧感。幼儿表现好时，一句"你今天表现真棒"可能会使这位幼儿以后的表现更棒，教师经常性的赞扬、恰当的鼓励、充分的肯定、适时的安慰会使幼儿感受到被尊重、关爱，被理解和接纳，产生被重视感和安全感，在获得语言支持的同时，得到教师的微笑、点头、注视及抚摸、拍头等亲密的身体接触，幼儿更会感受到极大的温暖、关爱和信任。将教师对幼儿的态度、期望、教学内容中蕴含的情感因素充分表达出来，把教师积极的情感传递给幼儿，可起到感染幼儿的积极情感作用。由此可见，教师的语言在教师和幼儿的情感交流中起着极为重要的作用。

第三节　关注幼儿的先前经验，注重语言的具体性

幼儿语言教育的过程不是一种从教师向幼儿单向传递有关语言知识的过程，而是通过交流、对话，使幼儿对幼儿园、对教师、对学习产生浓厚的兴趣，激发自我成长的动机。

一、尊重幼儿的先前经验

美国心理学家奥苏贝尔说过："假如让我把全部教育心理学仅仅归结为一条原理的话，那么，我将一言以蔽之：影响学习最重要的因素，就是学习者已经知道了什么，要探明这一点，并据此进行教学。"[1] 年幼儿童的思维活动往往与其日常积累的经验表象直接有关。例如，给一个两岁半的孩子看一幅汽车图片，此时，幼儿会立即起身寻找自己的玩具汽车，找到后，还会急切地说："喏，汽车在这里，汽车在这里。"因为此前他已经玩过汽车玩具，很容易将图片上的汽车当成自己的玩具汽车来认识。有一首诗歌——《雨点》："雨点落在池塘里，在池塘里睡觉；落进小溪里，在小溪里散步；落进江河里，在江河里奔跑；落进海洋里，在海洋里跳跃。"分析一下这首简短的诗歌，其涵盖的问题有以下三个："诗歌写的是谁？在干吗？为什么？"如果仍沿用传统教学，一味关注教材设计教学，而不考虑幼儿的年龄特点，那么活动的开展往往十分被动。前两个问题对多数幼儿来说比较容易，而对后一个问题，能回答的就极少了。幼儿会说："因为小雨点累了，所以它在池塘里睡觉。""因为它跳得高，所以在海洋里跳跃。"幼儿为什么会答非所问，自然是由"睡觉"联想到"累"，由"跳跃"联想到"跳得高"，一个笼统的"为什么"将幼儿的思考活动引向表面的、

单向的、线性的联想，听起来就"不对题"了。

那么，怎样才能调动幼儿积极的语言表达呢？作为教师，应当由"备教材"转向

"备幼儿"，使幼儿原有的认知经验自然过渡并提升为现有经验。对池塘与海洋的区别，幼儿是再熟悉不过的了，教师运用比较性语言引导："池塘与海洋有什么不一样？"孩子们会经过思考、比较得出：池塘比较小并且是平静的；海洋比较广阔而且是波浪翻滚的，等等。仅仅只是教师语言表达技法上的变化，但由于考虑到幼儿的先前经验，关注了幼儿的学习状况，使幼儿不再单就教材凭空想象，而是展开思维提炼经验再联想，真正实现了思维的"软着陆"，幼儿的语言是平实的，但体验却是深刻的。

二、平等交谈，因人用语

幼儿年龄小，理解能力较弱，这就决定了教师在使用语言时应当避繁求简。教师在与幼儿交谈时应使用句法结构较为简短，词汇涉及范围较小的语句。比如，当幼儿不愿意吃胡萝卜时，如果我们说："胡萝卜里含有大量的胡萝卜素，可以转化成维生素 a，给身体提供所需要的营养，提高免疫力，预防各种疾病，所以小朋友们都要吃胡萝卜。"这样的话，孩子们很不容易理解，自然效果就会不尽如人意。但如果简单地说："胡萝卜很有营养，吃了对小朋友的身体有好处。"笔者想，孩子们应该会对胡萝卜有新的认识。因此，教师的语言应力求简单、平白，不使用让幼儿理解困难的长句、复合句、并列句或功能词等。

《幼儿园教育指导纲要》中倡导"教师应成为幼儿学习活动的支持者、合作者、引导者"。即要求视幼儿为平等的合作伙伴。我们应以商量的口吻和讨论的方式指导幼儿的活动，支持幼儿的探索。积极的建议比消极的命令更为有效，更能拉近教师与幼儿之间的关系。比如，当幼儿的小椅子乱摆乱放时，我们可以说："来帮教师送小椅子回家，好吗？"通过委婉的提醒来得到幼儿的帮助，培养幼儿的良好习惯。我们应多用"能不能""请""我们一起来好吗？""你可以帮我一下吗？"的话语，而不能习惯用强制性的"不要这样做""不可以""不能"等语言，否则会阻碍孩子主动性的发展和创造性的发挥。

幼儿同样具有自尊心。我们平时与幼儿说话时，应尽量注意保护孩子的"面子"。在班上，有的孩子尿了裤子不愿意告诉教师，怕教师说："你怎么尿裤子

啦？"这样一说，班上的其他小朋友就会笑话自己，于是就悄悄藏着忍着。发生这样的情况时，如果不是责备的质问，而是蹲下来轻声说："没关系，我们悄悄去换上干净的裤子。放心吧，这是我们的秘密，小朋友不会发现的。"多为孩子考虑，多照顾孩子的感受，这样，幼儿就会对教师产生亲切感和信任感。

三、发现幼儿的闪光点

教学的艺术不在于传授的本领，而在于激励、唤醒、鼓励。幼儿像刚刚发芽的幼苗，需要阳光的抚慰和雨露的滋养，更需要爱的浸润和富于智慧的呵护。幼儿处在成长过程中，可塑性大，教师应注意了解幼儿的每一个优点和长处，发现幼儿的每一点进步，并以语言加以肯定和赞扬，激发和鼓励他们不断进步，在不断地重复和提升中树立自信心。当一名幼儿生活上、自理能力上有了进步，教师要用肯定的语气大胆地表扬，"你真棒，你真了不起"，再送给幼儿一朵小红花，可达到事半功倍的效果。作为一名幼儿教育工作者，我们只有给予孩子足够的爱，用多种形式去培养他们的语言，有意无意地去注重和实施，他们的语言能力才能开花和结果，我们的语言教学天空也才会更加明净和灿烂。

四、改革教学方法，努力提高语言教学的效益

（一）求实

求实，便是要依据幼儿的实际情况进行教学。教的实，学的才实。这就需要每一位教师在了解幼儿上下功夫，在走向幼儿上动真情，在为促进幼儿发展上多研究。到幼儿中去，用爱心观察、分析、了解幼儿，了解幼儿的需要，适当地用一用"换位思考"的方法来体察幼儿。语言教学活动中有好多问题都是有预成答案的问题，所以这种问题只需一个眼神或一个肢体动作就足以引导幼儿顺着思路回答，而无须太多指导用语，因此，教师在活动过程中要把握指导用语的度，既有明确的指示性，又能给幼儿灵活性，激发幼儿积极思考的兴趣。

（二）求活

求活，便是要求教师充分发挥教学机制，灵活地驾驭教学过程。教师可根据本班幼儿语言的发展情况正确进行语言教学活动，并利用每天餐前、离园前组织 10 分钟的文学作品欣赏或图书阅读活动，以及 5 分钟的说出句子比赛活动等，每天进行定时的语言训练。在对语言进行研究的过程中，教师除了要为

幼儿创造、建立良好的语言环境外，另外还应当注意利用周围环境、情景、事物等让幼儿尽情地展示。例如，到参观建筑物、公园游玩、到马路上看来往的车辆，让幼儿在活动中自由交谈，畅谈自己的感受等，激发幼儿说的欲望，提高幼儿的口语表达能力。

（三）求新

求新，要求教师能够不断地创新教学观念。与幼儿建立平等对话的师生关系，创设民主的氛围和相对自由的思想空间。因此，在教学过程中允许并接受孩子的语言特点。在进行语言教育活动中，教师要多鼓励，少批评；多启发引导，少消极灌输；多支持，少反对；多欣赏，少讽刺。受生活经验、词汇量和思维特点的限制，以成人的标准来说，有时幼儿语言表达的意思不一定准确或恰当，在讲述时，幼儿往往有些词还不会用，有的孩子就只会用方言来表达。尽管这样，这时教师除了引导幼儿准确地表达，还极力地鼓励与表扬幼儿，因为他们能使用语言解决问题比正确地造句更为重要。

（四）求变

求变，就是要求教师与幼儿能够尽可能多地进行自由交谈。谈话是幼儿在一定范围内运用语言与他人进行交流的一种语言活动。经常开展谈话活动能较好地促进幼儿语言交往能力的发展，自由交谈令幼儿讲话无拘无束、思维活跃、畅所欲言，而且不受空间、时间、人物的限制，所以特别适合这种谈话方法。学前教师可以在课间向幼儿提出话题，让幼儿自由交谈。

在语言教学中，教师要为幼儿创造适宜的情境，能使教师教得更轻松，使幼儿学得更愉悦，使语言活动的组织更实效；教师可以利用语言游戏，有目的地促进幼儿的语言兴趣、能力发展，使得幼儿语言形成自己的特色；教师还可以灵活运用多媒体手段再现情境，帮助幼儿的学习理解，使语言活动更加具有吸引力。

第四节　以幼儿的人格发展为目标，注重语言的人本性

苏霍姆林斯基说过：教师的语言修养在很大程度上决定着幼儿在课堂上脑力劳动的效应。教师讲的话带有审美色彩，这是一把最精致的钥匙，不仅可加深记忆，而且可深入到大脑最隐秘的角落。教师要充分发挥教学语言的艺术性，

使自己的教学语言适应课堂和幼儿的年龄、心理特点，赋予语言以情感色彩。由此可见，3～6岁的幼儿正处在语言敏感时期，对于教师的一腔一式、一言一行甚至口头禅，幼儿都非常乐于模仿。因此教师要给孩子以影响，除了应具备高尚的人格、渊博的知识外，更要懂得语言艺术，教师的谈吐及语言表达能够对孩子的教育及知识传授产生直接作用，甚至决定教育、教学的成败。

一、关注幼儿人格形成

现代教育理论的发展要求教育越来越指向人的精神世界，重视培养对人的终身发展有益的因素，因而，教师教学中说的、做的必须服从和服务于幼儿的人格发展。教学中，我们时常会见到这样一种情景：教师提一个问题，紧接着说："能回答的小朋友请举手！"立马小手如林，孩子们的目光追随着教师，身体跟着教师打转，小脚不由得随教师挪动，恨不得教师一喊就喊到自己的名字。甚至会有一些憋不住的孩子抢先说起来。可是当孩子们如此热情合作时，教师又会冷不丁地大吼一声："我喜欢让做得好的小朋友来回答！"这种前后迥然的态度往往会令孩子们措手不及。学前教师应该真诚地对待儿童发出的请求和需要。

《学前教育研究》曾发表的张博的《我心目中理想的学前教师》给人以很大启发，文章叙述了一个典范活动：教师请孩子们欣赏一幅画，孩子欣赏之后，纷纷发表自己的看法——"想到了睡觉。"（教师：我以后睡不着觉的时候，看看这幅画，也许会马上就睡着了。）"我想到了美丽。"（教师：是啊，多漂亮的颜色！）"一个很远的地方。"

（教师：远得都看不到尽头了。）……多么富于诗意和激情的"对话"！这样的"对话"令人神往。教师这种高水平的评价和提炼不仅能够给予孩子语言艺术的典范，更能够给孩子精神的释放和分享。在幼儿园日常活动中，幼儿与教师的对话无处不在。

如语言活动中：故事中有谁，在干什么，告诉我们什么道理，你喜欢谁？数学活动中：看看这是什么，有多少，怎么算的？评价活动中：真好，对吗，还有比他（她）更好的吗？还有谁能够做得更好呢？或者有时以手语、眼神、点头等体态语言表示。孩子们在学习的过程中，每天都在重复听到这样相同、类似的语言信号，随着这种信号的不断重复，自然而然地就会失去认同感。反过来，如若一个教师能根据教学情境与内容的需要，灵活地做到字字句句落地有声，生动有趣，就必然会激发幼儿学习的兴趣和动力。如何改变呆板拙劣的语言风格？一句话，教师要善于发现每个幼儿的特色，善于调动每个幼儿的积极性。可以根据情境需要而改变腔调、语速，或者使用幽默、诙谐、活泼自然的语言；可以根据教学内容的不同，而使用具体、生动、多层次的语言……

二、促进幼儿认知

著名教育家乌申斯基说过："语言是一切智力发展的基础和一切知识的宝库，因为对一切事物的理解都要从它开始，通过它并回复到它那里去。"

比如教师发现孩子们对恐龙的兴趣非常浓厚，他们有大量有关恐龙形象的词语，可对恐龙的认识还存在很大的不足，应当利用这次语言上的争论来促进孩子们对恐龙进一步的研究，于是教师可以让幼儿收集更多有关恐龙的资料，作为一个主题活动在班上展开小组讨论。在这次主题活动中，孩子们到书店查找有关恐龙的书籍，有的在爸爸妈妈的帮助下上网查找资料，通过多次的争论与讨论，弄清他们的疑问并最终达成共识。在这一过程中，孩子们不但从中了解到更多的知识，同时也学会了获取知识的经验。

三、培养幼儿自信心

《幼儿园教育指导纲要》指出"语言能力是在运用的过程中发展起来的，发展幼儿语言的关键是创设一个能使他们想说、敢说、喜欢说、有机会说并能得到积极应答的环境。教师应当对有语言障碍的儿童要给予更多的关注，同时要积极地与家长和有关人员密切配合，积极地帮助这一部分儿童提高语言能力。"所以，在日常生活中，我们也可以看到有的幼儿说话头头是道，回答问题也干脆利落并且善于表达，可有的幼儿则对要回答的问题，心里非常明白，但因多种原因，不爱表达。对这类幼儿，我们应当更多的是在日常生活中给予关心、理解、引导与帮助，通过多种方式接近幼儿，逐渐进行语言沟通，使幼儿逐步产生想说的愿望，并慢慢地敢说。对他们说"让我们试一试""当然可以""你今天的表现就很棒呀！"这一类的话语，通过家园互动，多鼓励、多表扬、多表现、多肯定，一段时间下来，孩子愿意和小朋友一起玩了，笑声也就多了。

四、促进幼儿社会交往能力

《幼儿园教育指导纲要》的语言指导要点中指出，"幼儿语言发展与其情感、经验、思维、社会交往能力等其他方面的发展密切相关，因此，发展幼儿语言的重要途径是通过互相渗透的各领域的教育，在丰富多彩的活动中去扩展幼儿的经验，提供促进语言发展的条件"。为了更好地培养幼儿的语言表达能力，可以在每天的晨间活动中开展了"一天一个小故事"的活动。

例如利用美术课让幼儿自由创意画画，然后在早餐之前让幼儿看着这些画展开自己的想象，根据小朋友的画来集体创编小故事，再评选出今天班级中的"故事明星"，或是将自己听到的故事讲给别的小朋友。通过一段时间的实践，会发现幼儿的语言表达能力有所提高，会正确运用四字词语或成语来形容某个事物，并有家长反映说孩子回家后也喜欢将这些听到的小故事讲给家人听。由此看来，注重幼儿语言发展，有利于培养幼儿融洽、和谐、平等、健康的人际关系。

第五节　学前教师的形体语言发挥着重要的引导作用

所谓形体语言，是用人的头、眼、手、腿、脚等器官代替口头语传递信息的一种方式，是教学中一种必要的辅助手段，也可称为一种艺术。这种辅助手段在文史类教学中更有其用武之地，有较强的实用性。有时教师点下头、伸一伸手，甚至使一个眼神就能使某一知识内容表达得准确无误，也可将一个班级或某一幼儿的学习热情推向高潮，使幼儿兴趣盎然地学会了新知识，形成了新能力。

一、学前教师体态语言的几个类别

（一）肢体语言的"窗户"——眼神

在教育活动中，教师要不断地环视每个孩子，使他们都在自己的视线之内，使每个孩子都感到自己备受关注，以便于积极地启迪他们的思维。比如，当你的故事正讲在精彩之处，孩子们听得津津有味之时，有个别孩子小声说话、做小动作，那么，你投以一个严肃、制止的目光比大声呵斥更起作用。这样，既可避免伤害其自尊心，又不影响其他孩子的注意力。当你的课堂上，那些性格内向、胆小怯懦的孩子羞于举手发言时，你投一个赞许、鼓励的目光，将使其精神振作、思维活跃。

（二）肢体语言的"眼睛"——表情

人的心理活动、情绪变化通过面部表情表达出来。幼儿喜欢的教师往往都是面带微笑，因为微笑能拉近幼儿与教师的距离，让幼儿受到鼓励并提升自信，进而愿意接受教育。反之，那些成天冷若冰霜、一本正经的教师则让幼儿胆战心惊、望而生畏，生怕一不留神就换来教师一个厌恶的表情。这种紧张的师生关系不利于幼儿心理的健康发展。

常言道："出门观天色，进门看脸色。"教师的喜怒哀乐能直接感染和带动幼儿的情绪，组织教学时，教师要充分运用面部表情，根据幼儿描述的情节表现出相应的表情，与幼儿进行情感交流，使课堂富有感染力。如故事《雪孩子》，讲到雪孩子和淘淘在树林里又唱又跳，玩得很开心时，教师眉开眼笑，幼儿也开心不已；讲到屋里突然着火了，淘淘醒来时已被大火团团围住，吓得直哭，最后倒在地上时，教师神色紧张，幼儿也紧握拳头，为淘淘着急；教师接下来讲到林中的雪孩子看见了此情此景，匆忙跑过来，义无反顾、奋不顾身地冲进屋里，几经周折之后，救出了淘淘时，教师瞪大眼睛感到奇怪，幼儿此时流露出好奇探究的表情，这种教学可谓无声胜有声了。

（三）肢体语言的"声音"——动作

幼儿离开父母时大哭大闹，教师抱起来抚摸他、亲亲他，这些无声的言语都极大地增强了幼儿的安全感，安抚了他们的情绪；面对做错事的幼儿，教师蹲下身子，拉着他的小手，让其讲述事情的经过，此时幼儿那颗惊慌失措的心会渐渐趋于平静。了解完事情的经过后，教师可以轻轻地刮他的小鼻子，勾勾手指头希望他能改正这些坏毛病，这样，幼儿会非常愿意敞开自己的心扉与教师做朋友。当然，教师应注意一些消极的动作姿势，如双臂交叉放在胸前、怒目而视等，教师这些无意识的举动会让幼儿觉得教师高高在上，离自己很远，势必会与教师产生距离。

另外，法国艺术大师罗丹说过，手是会说话的工具。教师在教育活动中，应当充分发挥手势的作用。例如，当孩子们争先恐后积极发言，却乱说一气时，教师用一个"暂停"的手势、一个"举手"的动作比你千呼万唤要灵验百倍。当孩子们在别人回答问题、不注意听讲小声议论时，教师一个"嘴巴不吐声"

的手势，能使孩子们正襟危坐，专注倾听。当教师用手势动作来做音乐游戏"小小指挥官"时，孩子们一个比一个全神贯注，一个比一个笑逐颜开。当教师用手势来判断"对"或"错"时，既可集中幼儿的注意力，又给予了他们正确的知识。当教师用手势表示 10 个阿拉伯数字时，比让孩子枯燥地去认识更形象、具体。

幼师的身姿体态、举手投足、目光神情始终伴随着他的声音语言传递出各种信息，通过动态、直观的形象肢体语言，使无声的肢体语言的表现力和感染力得到了升华。

（四）美的启迪——服饰

服装不仅具有传递信息的作用，而且能够给人以充分的审美享受。对服饰的审美情趣，在一定程度上能表现一个人的精神风貌、知识修养等内在气质。作为幼教，应当了解着装常识，掌握着装艺术以塑造良好的自我形象，更好地完成教书育人的任务。如在讲

《骄傲的孔雀》故事时，教师则可以穿得花枝招展、新奇漂亮些，以便示意出孔雀骄傲自满的样子来；当然，在上体育、游戏课时，则以简便、轻盈装为主；又如在给幼儿讲《母亲》的故事时，教师尽量穿得古朴一些，让幼儿体会到当年岁月的艰苦和母亲生平的倍受煎熬，也让幼儿深深感受到生活的来之不易。教师合适的着装能给幼儿以美的启迪，但不可过于雕饰"求异创新"，否则会冲淡自身丰富的知识和聪敏睿智的内在素质。

在教学活动中，自然和谐地运用肢体语言确实可以激活课堂氛围，提高教学效益，但从多年的教学实践中总结得出，应用肢体语言应讲究技巧，并注意以下三个问题：① 肢体语言要适时适度，避免同一肢体语言反复出现或同一时刻运用过多和变化过频；② 肢体语言要自然大方，不生搬硬套，避免造成负面影响；③ 肢体语言要协调一致，必须服从教学内容表达的需要，不能矫揉造作、故弄玄虚、脱离教材。教学有法，教无定法，只要教师能够把握教材、驾驭课堂，把教师的肢体语言恰到好处地灵活运用，我们的课堂必将异彩纷呈，效益倍增。

二、教师形体语言的特性

（一）形体语言应用于课堂

1. 提示，集中思想

课堂上，幼儿思想不集中，教师用手摸摸幼儿的小脑袋，这样既不会影响到认真听讲的幼儿，也能及时提醒注意力不集中的幼儿认真听讲。这种形体语言比当孩子的面直接用口头语言提醒来的含蓄，且效果更佳。

2. 情境，活跃气氛

教师用夸张的动作吸引幼儿的注意力，使课堂活跃起来。如，教师在给幼儿讲故事时，语气的粗细变化、真情流露还不足以完全吸引幼儿，如果加上夸张的形体语言（肢体动作）表现故事里每个人物的形象特点和故事的情境，则能将幼儿带入故事情节中。

3. 加强，加深记忆

幼儿年龄小，有很多事情，教师要反复多次地告知才能加强记忆。通过形体语言来强化幼儿记忆。如，音乐活动中，把歌曲想要表达的情绪和歌词简化为音乐动作帮助幼儿加深对歌词的记忆，更好地把握歌曲的速度和想要表达的意境，从而熟悉并快速学会歌曲。

4. 示范，提高效率

在健康活动中，有些操作过程用语言很难让幼儿理解操作，同时也会使整个活动变得拖拉、复杂，幼儿不易懂得。教师将复杂的语言变成具体动作，示范操作整个健康活动的步骤流程，有利于幼儿接下来的操作。

（二）形体语言应用于生活中

1. 亲密，接近距离

刚入园的幼儿对父母和家庭仍有强烈的依恋感。教师可以亲切地摸摸幼儿的小脑袋、拉拉幼儿的小手，拥抱幼儿，通过一系列亲密的肢体接触，面对面情感交流，以形体语言亲近幼儿，消除幼儿紧张的情绪，使幼儿感受到爱与信任。幼儿对教师有了依恋感与亲切感后，就能有效地拉近教师与幼儿之间的距离。

2. 激励，鼓励幼儿

一个班里总有几个对自己不够自信、不善于表达的孩子，教师用鼓励的语言，再巧妙地加上一个信任的眼神、一个肯定的点头、鼓掌、竖起大拇指这些带有爱意的形体语言来激励幼儿，使幼儿对自己更有信心、更愿意在集体面前展现自我、相信自我。

3. 即时，消除紧张

当幼儿之间发生争执、打闹时，教师不是立马摆出生气的面容并急切地询问、责备，而是第一时间给予幼儿一个关爱的神情，用关爱来消除幼儿的紧张和焦虑感。等待幼儿的心情慢慢地平复下来之后，再去详细地了解事情的经过。教师在交谈的过程中可以尝试采用蹲下来与幼儿交谈的方式，这样交谈时，教师与幼儿的眼神平视，降低姿态，放下教师的身份，幼儿就能感到被尊重和被理解，这样能更好地进行交流。

4. 诠释，解释词汇

在幼儿学习的过程中，如果幼儿遇到不大懂的词汇，教师一时之间也难以用语言更好地去解释，此时可以将抽象的语言变得形象化、具体化，借助形体语言体现出来，进一步向幼儿表明该词汇的含义。这样对教师的教学和幼儿的学习都有很大的帮助。

三、学前教师使用体态语的意义与要求

（一）学前教师体态语的意义

教师体态语是指教师在教育过程中，通过手势、姿态、表情、眼神等有声语言辅助手段对幼儿传递信息、表达情感和态度的一种无声的语言形式。心理学研究表明，教师体态语的使用对于幼儿右半球潜能的开发，对幼儿的兴趣、爱好、意志的培养以及在帮助幼儿健康成长为一个"社会人"等方面有重大作用。幼儿园的教育教学是以游戏和活动为主，并贯穿幼儿的每日生活之中。

幼儿园的教育教学目的不是通过传授系统的知识提高幼儿的文化水平，而是开发智力，发展体力和能力，培养良好的品德行为习惯。幼儿园的教育教学活动主要是教师和幼儿之间的相互作用。在教育教学活动的过程中，教师和幼儿相互作用的主要手段是口头语言，然而幼儿理解语言的能力差，抽象思维能力和概括能力还处在低级发展阶段，对于直观形象的东西容易理解并感兴趣。

在教学过程中，学前教师恰当运用体态语能帮助幼儿准确地掌握知识、理解内容，尤其是幼儿不容易理解的内容，能激发孩子的思维及语言，通过体态语的动感帮助，可以增加幼儿的直观认识和感情体验。口语表达主要是调动孩

子的听觉，而体态语的表达更能调动幼儿的视觉，因而它具有形象、生动、鲜明的特征。由于它具有直观性，是一种外观形式，符合幼儿的年龄特点，能够产生生动的表达效果，它能延长幼儿的有意注意时间，调动幼儿活动兴趣，使教师和幼儿之间产生感情上的共鸣与爱的交流，给幼儿留下十分深刻的印象，有助于提高教学活动的效果。这也是教师提高教学技能，掌握教学语言能力的一大方面。

如果学前教师能够对体态语正确地、恰当地运用，那么将会对幼儿非智力因素的发展有极为积极的作用和影响。例如，当幼儿因为胆怯而不敢发言时，教师用信任的目光和赞美的点头能使孩子得到自信和勇气。当幼儿大声讲话时，教师用手指着嘴示意停下，能使幼儿认识到自己的错误，又不会伤害孩子的自尊，保护了孩子的心理健康，并使教学活动顺利进行。总而言之，教师的体态语能够起到表情达意、示范育人、组织调控的作用。

（二）学前教师体态语的要求

1. 自然、准确、适度

① 自然就是要不拘束，不矫揉造作，大方得体，与教学内容保持一致，不能有刻板、刻意为之、生硬、做作等毛病。② 准确就是体态语要和语言同步，采用的体态语应符合教学内容客观实际及情感基调，符合人物（或角色）的特定身份和个性特征，符合景色的特定环境。③ 得当的体态语不管借鉴吸收了什么艺术门类的营养，它都应该是经教师消化、个性化的东西，不是硬装出来的。按照以上三点进行教学，才能产生和谐的美感。如在讲故事中，表现"红红的眼睛"，可以将头稍向左前方倾斜一点，右手食指在面前做指眼状，不要两手食指和拇指圈紧贴在眼睛前，这样既不雅观，也不符合故事情节。

2. 在讲述中，体态语要注意把握角色个性，把语言和体态语有机结合

要认真分析理解故事角色的个性特征，在此基础上把语气表情、语调、眼神、身姿融为一体，协调运用。如讲到故事两只笨狗熊中"捡起来闻闻，嗯，喷喷香"时，应在"闻闻"后（不是边讲边做），双手做拿面包状，同时头略低做闻状，然后眼睛看着观众，夸张地赞叹"嗯，喷喷香"。这里要注意出语宽松并适当拉长音节，讲好这句话、做好这个动作的基础就是要先明白狐狸此时的贪婪。如果没有内在感情的驱使，是很难将语气、动作、表情完美地结合在一

起的，所以要充分理解和掌握角色的个性。

3. 重视着装对仪表风度的影响

人的仪表风度不仅仅表现在形体修饰上，更重要的还反映在人的言谈举止和气质风度上。学前教师的仪表是赢得幼儿信任和尊敬的第一步。孩子们喜欢举止大方、亲切活泼、穿着得体的教师。因此，学前教师要注意自己的仪表穿着和举手投足，可以适当修饰自己，保持一种整洁、优雅的形象。做到文静中显得活泼，飘逸中显得庄重、自信。幼儿一般喜欢那些性格开朗、热情、活泼、有朝气、和蔼可亲、性情温和、民主、耐心、有幽默感的教师。

4. 区别于舞台表演

舞蹈主要是通过形体动作去表情达意，戏曲则讲究唱念做打且人物众多，而讲故事是一个人通过有声语言塑造形象，体态语只是语言的重要辅助手段，不能喧宾夺主。所以动作不宜太多，幅度不宜太大，走动范围不宜大，更不能在讲述中跑起来，不要完全蹲下，不要旋转，表情要适度夸张，使表现的感情和特征更明显。

四、教师体态语言的要点

（一）不得过于频繁

如果教师的体态语言过于频繁，就不能达到预期的效果。如，课堂活动中幼儿注意力不集中，此时教师稍稍沉默片刻，这并不是一个活动的中断或停止，而是把有声的语言转化为体态语言，教师与幼儿仍然通过表情和肢体进行着活动，这样有利于幼儿接下来的听讲。反之过于频繁的，就达不到最好的效果。

（二）目的明确

很多教师想用威严的眼神震慑住幼儿，但眼神总是飘忽不定、空洞、无神，不停地在每个幼儿身上转移，形体语言目的不明确，表现不明显，导致形体语言无效。

（三）举止优雅轻盈

一个凶狠的眼神和一个夸张的手势虽然能起到震慑幼儿的作用，但从师幼和谐、情感的关系出发，此法过于粗鲁，可能导致幼儿情绪低落，与教师之间的关系出现不和谐。形体语言也要讲求可行性、有效性，师幼之间的互动自然得体。

（四）平等对待

不要对一些幼儿一味地严肃或温柔，要做到能够收放自如，尊重、平等对待每个幼儿。很多教师在对待课堂上特别不认真的幼儿时，形体语言过于严厉苛刻，久而久之，幼儿会失去信心，产生反抗情绪，幼儿身心健康的发展也会受到阻碍。

（五）适时变化

课堂活动中，教师大多以微笑的表情来完成每次教学活动。快乐的表情会感染每个幼儿，但一直保持微笑的表情不变化，幼儿会视觉疲劳，会感到课堂无趣乏味。严肃的表情在适当的时候可以出现，但也不宜长时间出现，若长时间表情严肃，则会使幼儿有压力，精神处于高度紧张的状态，也不利于接下来的课堂教学。教师应根据课堂所需适当变化表情，幼儿的课堂情绪会随着教师形体语言的变化而变化，这样的课堂会变得更生动。

（六）不适当的形体语言

一些不适当的形体语言不要在幼儿面前出现，如，双手交叉放于胸前、双手背后、站立时一条腿膝盖弯曲着、坐时驼背抖腿、手指指向幼儿。教师做出这些形体语言的时候可能是无意识的，但对幼儿来说是一种不尊重行为。教师应时刻谨记并提醒自己。

五、学前教师学习体态语主要存在的问题及对策

（一）学前教师学习体态语主要存在的问题

1. 不好意思做，不习惯做，或过于自信，或过于自卑

学前教师大多年纪不大，由于他们的年龄特征决定了他们的心理特征和外在表现的态度，他们在初中（或高中）学语文大都是书面的阅读和写作，语言上极少接受什么训练，更不用说体态语训练了。所以，他们在学习体态语时，大都因为不习惯做而存在害羞心理，即不好意思做。还有一种过于自信的心理，以为平时学习时不必做，等到考试或实习时自然会做。因此，平时学习不够主动，体态语运用太少，或生硬，不够自然大方，有的甚至一个表情动作都没有，面部表情呆板、单调，只用语言来表达幼儿作品或训练职业口语，有的则从头到尾满脸堆笑，但不是因幼儿作品反映出来的形之于色。还有的幼儿由于性格较内向，不够开朗、大方，不敢做态势语（自卑）。由于平时少训练，考试时

僵直地站立，或两手置于胸前，或两手垂直放在身体两侧，表情淡漠，就是由于怕做不好而让同学笑话，于是干脆放弃，什么也不做。

2. 顾不了

由于语言基础差，顾得了语言表达（发好音），顾不了态势语，或随便做两下手势语，身体一动也没动，更顾不了表情、眼神。

3. 穿着仪态方面

有的教师追求时尚着装，反而显得有些邋遢，不够得体、大方，有的穿衣有袒胸露背的现象，头发遮住了眼睛、眉毛，甚至大半张脸。这样，表情和眼神就不好做了，即使做了，别人也看不见。

4. 体态语不够规范、美观、科学

表情缺少变化或没有适当夸张，未能根据说话内容及幼儿作品中的感情变化而变化，眼神呆板不动，有时做想内容状（内容不熟）。动作随意做，不够大方、简洁，幅度太大或太小，个别同学有语言和动作不同步的现象。

（二）对策及措施

提高学前教师的修养和专业素质。良好的修养和素质能够使人举止得体，谈吐文雅大方。学前教师应注重自身内在的修炼，提高自身体态语的修养水平，掌握协调、适宜的体态语言。

首先，要加强学前教师的职业道德修养，使他们树立正确的人生观、专业观，热爱幼儿，使自己拥有一颗童心。要培养自己活泼、开朗、乐观的性格，克服过于自信或自卑、害羞的情绪。只有具有敬业精神，爱人生，爱小孩，才能使爱外传于教师的行为，形成高雅、和谐的体态语言。

其次，教师要加强自身专业知识的修养，使自己具有良好的专业素质，规范、恰当、自信、得体、适当地运用体态语这一个辅助语言，牢牢地打好基本功，在教学的过程中才能够引领幼儿在知识的海洋中轻松快乐地徜徉。

再次，教师应加强美学修养，确立高雅的审美情绪，力求美的心灵和美的体态语言和谐统一。

提供学习和训练体态语的各种环境进行多方位训练，切实提高学前教师运用体态语的能力。

1. 在学习态势语前，学前教师先过语音关只有发音准确、流利，才能在此基础上做好体态语，否则顾此失彼，什么都顾不了，什么都做不好。

2. 多练习态势语

比如练习幼儿作品的幼儿走姿要稳健、大方，站在讲台上的站姿要大方，身体离讲台点一拳以上，站立时，两脚要呈稍息或立正姿势，要站稳，不能随意抖动。其次，在生活中，比如在公开场合或在别人面前说话、表述时，要用上各种体态语，时刻注意自己的举止，还可以在与各种小朋友接触时，有意识地用上态势语。久而久之，便会让自己养成做体态语的习惯。

3. 以骨干带动，互帮互学

学前教师集体合作，大家互相观摩，一起讨论和提意见，在学前教师平时学习和实习前，可多进行模拟试教，比如可把自己的同学当作幼儿，互相找问题，以达到纠错的效果。

4. 自我检查，自我反省

学前教师可以在舞蹈厅练习室或其他镜子前进行练习，这样可以方便对自己做出的体态语进行自我检查，自我纠正。比如有的学前教师以为自己在表达时表情语做得很好，但其实没什么表情。那么，自己照一照镜子就知道了。5. 组织观摩幼儿园教学录像组织观摩优秀教师的教学录像，并在见习中观摩学习学前教师运用体态语的好的经验，再对照自己的情况，找出不足，及时改正，提高水平。比如在朗读中要求有表情和眼神。

总而言之，学前教师体态语的训练要明确要求，切合幼儿园教学实际，找出要害，科学有序严格训练，严格把关，才能适应幼儿园的教学需要，使态势语这一语言的重要辅助工具发挥更好的作用。

六、特殊的教学语言—微笑

在工作中和交往中，微笑是一个人心境良好、充满自信、真诚友善、乐业敬业的表现，学前教师微笑的力量更是无穷的，无处不在的。

（一）用微笑架起沟通的桥梁

早晨家长送孩子入园时看到教师微笑，他们会对教师充满信任，放心孩子在幼儿园一天的生活；家长询问孩子在幼儿园的表现时，教师微笑着回答家长的问题，家长会很满意；当你微笑着向家长了解幼儿在家的表现时，家长会觉得你是真的关心孩子，就会密切配合；微笑着告诉家长你在教学上需要帮忙的地方，他们会积极地支持你。

（二）用微笑是无声的表达赞扬

苏霍姆林斯基在谈起教育技巧时说"教育者与自己对象的每次接触，归根到底是为了激励对方的内心活动"。学前教师在对幼儿进行表扬时，要应用表扬的多面性特点，发挥表扬的最大功效。

（三）用微笑让幼儿健康快乐地成长

作为学前教师，最大的特点就是每天都将面对一群天真、可爱的孩子，而这些幼儿只有看到教师的微笑，才能放下戒备，快乐地跟随教师学习、游戏，只有在教师的微笑中，他们才能感觉到安全感、信任感。小明小朋友非常害羞、胆小，虽然开学已经两个星期了，但是早上入园时，小眼圈还红红的，这时教师应当微笑着伸出双手将他抱在怀里，让他慢慢平静下来并自己坐在小椅子上。

（四）用微笑激发幼儿饱满的热情

学前阶段是孩子形成健康人格的关键时期，教师的举手投足时刻影响着幼儿。微笑的表情是学前教师良好情绪的体现，如果教师每天面带微笑与幼儿一起生活和游戏，能使幼儿感到亲切，愿与之接近。从而产生愉悦的心情，以饱满的情绪参与活动，对学习充满无限快乐。

作为学前教师来说，微笑不仅是一种表扬鼓励幼儿的方式，也是教师本身的一种心态、一种人生境界。如果教师都不能以微笑的态度来面对生活，以乐观、豁达、超然的态度来面对人生，又怎么能让幼儿健康快乐地在幼儿园成长。只有教师有了乐观、自信的态度，才能为幼儿的终身发展打下基础。

第五章　学前教师提高语言艺术与表现形式的技巧

第一节　关注课堂教学的方法技巧

随着素质教育的开展，我们应努力探索适应素质教育切实可行的新方法，以便逐渐形成适应素质教育的教学方法体系。教好任何一门课，方法都是很重要的。而语文作为基础工具学科，其教学方法尤为重要。一名合格的学前教师，既要从理论上掌握教学方法，又应在实践中灵活地运用，善于在完成教学任务的同时，也教会幼儿如何获得知识的方法。"语文是百科之母。"对语文教学方法的探究必须从教师和幼儿两方面着手做综合研究，这是中学语文教学改革的需要，也是当前开展素质教育的需要。

一、教学方法是教师指导幼儿有效学习的重要手段

教学在任何时候都是双边的，教学方法是教师和幼儿之间相互联系的活动方式，是教师发出信息和幼儿接受信息的途径，是实现预期教学目标不可缺少的因素，在引导和激发幼儿有效学习方面，具有独特的意义和作用。教学方法使用的原则如下：

（一）坚持启发式

启发式是教学方法使用的基本原则。教师在教学中要注意调动幼儿学习的积极性、自觉性，激发其思维活动，主动探求知识，增强独立分析问题和解决问题的能力。因此，启发式不是具体的教学方式或方法，而是教学方法使用的原则。教学的方式方法千变万化，种类繁多，但其本质都应是具有启发性的。坚持启发式原则的关键在于既要重视发挥教师的主导作用，又要防止片面强调

教师的权威性；既要尊重幼儿的自觉性、主动性，又不放任自流。

（二）坚持最佳组合

现代教学方法一般认为教学任务包括三个方面：传授和学习系统的科学基础知识与基本技能；发展幼儿的智力和能力；培养幼儿正确世界观和道德品质。这种高度概括的教学任务对选择教学方法具有方向性的意义。对教学方法的优选和组合应注意它的针对性和启发性、多样性和选择性、实践性和迁移性。

（三）坚持因材施教

素质教育提倡因材施教的方法。因为人与人之间存在差异，所以教育既要面向全体幼儿，又要尊重每个幼儿的个性特点。因材施教的目的是调动每一个幼儿的学习积极性、主动性，让每一个幼儿主动地、活泼地发展。讲求"一把钥匙开一把锁"。

二、语言教学方法举例

如果将它看作一个完整的系统，那么可以将众多的教学方法从三个方面加以归纳：以教为主的方法系统，以学为主的方法系统，教学兼重的方法系统，这三个分系统体现着各自的特点，发挥着各自不同的优势。

（一）以教为主的教学方法

它主要唯语言为媒体，传递知识信息，靠教师讲述和讲解，使幼儿掌握语文知识，其主要包含以下几种：

1. 讲授法

讲授法是最基本的教学方法，也同样是教师运用语言系统地、连贯地向幼儿传授知识，引导幼儿跟从教师学习的教学方法。这种教学方法又可分为讲述法、讲解法以及讲演法三种。主要用于导语、批示语、结束语、介绍作家作品还有时代背景，以及叙述教材基本事实；分析课本内容，提示课文重点，阐明事物以及表达的道理，评述写作范文与写作例文等。夸美纽斯曾将教师比喻为知识的溪流，将幼儿比喻为水槽。当教师讲授时，嘴里发出知识的溪流，要求幼儿立即像水槽一样装住知识，一点儿也不让它流掉，教师的讲解和示范目的是传授知识，并让幼儿了解方法，不要因为担心背上"满堂灌"的嫌疑而忽视对知识系统的传授。

2. 串讲法

它是古诗教学中有"讲"有"串"的传统教学方法,"讲"即讲解,"串"即串联,就是把上下文串通起来,实质是"讲",讲的特征是"串",即把词、句、语段、段落、全篇译式串讲,一种是概括式串讲,另一种是翻译式串讲,就是以今语释古语,从现在注释的角度说,就是把古文译成白话文。串讲式是在理解原文的基础上,对其意义加以概括,用自己的话解释出来,而不用语对译的方式。当句子的含义比较丰富、深刻,用翻译式串讲无法充分表达时,就需要用概括式串讲。串讲法的应用有利于发挥教师"讲"的主导作用,保持讲的整体性和系统性,变单方面的教师讲为师生双边活动,避免烦琐,兴之所至,信口开河,而有利于提高讲的艺术性,抓住重点,以保持幼儿注意力的高度集中,激发幼儿的学习兴趣。但要防止教师唱独角戏,主观注入,平铺直叙。

(二)以学为主的教学方法

以学为主的教学方法就是教师努力培养幼儿乐于学习,学会学习的方法,其包括以下几类:

讨论法

它是幼儿在教师的指导下围绕某个问题发表各自的见解,从而互相启发、探讨问题的一种教学方法,以幼儿为主体的集体对话和互学形式进行幼儿之间或师生之间多向的信息交流,借以实现语文教学目的的一种常用教法,可促进幼儿独立思考,加深对知识的理解,培养幼儿钻研问题的精神和语言表达能力,它从根本上改变了以教师为中心的课堂教学结构,突出了幼儿的主体地位,体现了民主的教学思想。

2. 研究法

研究法就是教师指导幼儿通过发挥自身的主观能动性,自觉研究的方式来了解并掌握语文知识,培养自己的语文能力,提高语文素养的一种有效教法,这种方式不但突破了传统教法重教轻学的局限,而且体现了现代教学思想的转变。

(三)教、学兼重的教学方法

1. 问答法

这是在语文教学中,以问题为中心而组织课堂教学的一种常用教法,主要通过教师提问,幼儿答问,或幼儿质疑问难,教师按幼儿的要求叙述有关事实,提出问题，并请幼儿回答，教师引导幼儿解疑辩难的对话形式，培养幼儿发现问题、提出问题、思考问题、分析问题、解决问题的能力，问答法有助于激活幼儿的思维，调动幼儿的积极性，培养幼儿的独立思考和语言表达能力。

2. 体验情境，深入教学法

情景教学法是在现代教育培养全面型人才理论指导下创新的教学方法。强调要进行情感教育，以情动人，以美感人；注重培养幼儿的审美情趣和能力，充分发掘语文课的教育功能。教师和幼儿的思想感情交融互渗于作品所描绘的客观景物之中，形成主观情思和客观景物相统一的审美境界，使幼儿获得美的感受，培养其高尚的审美情操，进而使幼儿的思维水平不断提高。情境教学法突出了语文教学的审美特性，强调了教学中要以美去激发爱，以美感染人，从而丰富幼儿的精神世界，促进幼儿主动和谐、生动活泼地全面发展，优化了语文的教学效果。

上述三类系统中的教学方法在教学中究竟如何运用，要根据幼儿的实际情况，有针对性地开展中学语文教学，充分尊重幼儿的学习习惯和认知心理，贴近校园生活，教师上课必须要有激情，充分调动幼儿的积极性。只有运用科学的教学方法，才能提高中学语文的教学质量。

三、优化语言教学方法的策略

（一）以幼儿为主体，培养幼儿的自我意识及创造性

学前教师在今后的教学过程中必须摒弃以往"满堂灌"的教学模式，积极发挥幼儿的主动性，以幼儿为主体，通过对幼儿学习兴趣、接受能力、知识基础的掌握水平、学习态度、习惯、个性特点等的考察来设计教学内容，确定教学目标。在教学方法上，教师根据课堂需求灵动变化，总之，不管运用何种教学方法，一定要最大程度地考虑到幼儿的需求，注重对幼儿创造性的培养。比如在讲《咏柳》这首古诗时，让幼儿通过各种途径去获取对柳树的认知，然后在讲解诗句时，鼓励幼儿踊跃发言，结合自己的认知，谈谈对柳树的印象。这样不仅调动了幼儿的学习积极性，增强了幼儿对知识的掌握，同时实现了幼儿主体地位及幼儿创造性思维的发挥。

（二）继承传统教学方式，渗透现代化的教学理念

传统的教学方式虽然已经不能完全适应如今的教学方式，但是传统教学方

式也有其可取之处，对于传统教学方法中，将适应当今教学理念的合理部分保存下来并加以利用，也就是发扬"扬弃"的观念。例如我们教学中常用的问答法。问答在各科教学中的地位尤为重要，它可有效调动幼儿的积极性，活跃课堂氛围，教师通过问答可及时得到教学效果的反馈，根据幼儿的认知情况调整教学策略，改善教学活动。但问答不能随意发问，必须目的明确;课堂时限一定，问题量要适中，不能满堂问，更不能拿问题去为难或惩罚幼儿；最后，问题难度要适中，且有梯度，对那些主观性创造性较高的问题，则不必设定标准答案，根据情况利用该问题积极鼓励幼儿发挥其个性化的理解。对有疑问或有自己独特看法的幼儿，教师应积极鼓励并给予开导或启发。总之，不能全面否定传统的教学方式，我们应充分挖掘其有用之处，使其在今后的教育教学中发挥更大作用。

（三）借鉴国外先进的教学方法

改革开放以来，世界各国各民族之间的民俗文化也在不断融合与发展，在此过程中，我们可积极汲取其中有益于我国教育教学事业发展的教学理念与教学方法，实现我国教育事业的大发展。比如，建构主义教学理论出现后被逐渐引入我国，情境教学法便是其中一个，且在我国各科、各阶段教学中均得到有效运用。在语言教学中，情境教学也得到了很好的利用与发展。比如在讲《乌鸦喝水》这一故事时，让幼儿把自己想象成乌鸦，先自己想办法，看看用什么方法可以喝到水。然后再让一名幼儿扮演乌鸦，尝试用故事中的方法去喝水，看看结果如何。这样做幼儿被激发了主动性，认真思考，寻找答案。幼儿大多都能在这种切身体会的情境下问题。

（四）提升教师文化素养，创新多元化的教学方式

新形势下一直在强调教学方式的改变与创新，这就要求学龄前教师必须积极补充能量，丰富个人知识与教学素养，在教学过程中，根据教学实际情况采用适当的教学方式，进而提高语言的教学效率。比如"自主—指导式"教学，以培养幼儿自主学习能力为目标，体现了幼儿的主体性，有利于幼儿在主动探索过程中学习并掌握知识；再如"引导—发现式"教学，这种教学方法是在教师的积极引导下，让幼儿去发现问题，解决问题，有利于培养幼儿的逻辑思维能力；还有就是陶冶式教学，通过设计教学情境，使幼儿在快乐愉悦的氛围中

完成学习任务，这样不仅有利于提升幼儿的审美能力，陶冶幼儿的性情，同时活跃了教学氛围，提高了教学效率。以上教学方法能实现幼儿与教师之间的互动，加深师生情感，同时也能提高幼儿的探究能力与创新能力。

四、将其他学科的内容融入语言教学

（一）音乐进课堂，情与境共生

音乐是人类的第二语言，对于净化孩子的心灵，陶冶性情，自然地形成健康良好的性格具有不可低估的功能。爱因斯坦就是在音乐中发展了自己的理想和梦想；罗曼·罗兰也是在音乐的海洋中发展了他的思维，获取了创作的源泉。

人们常说"文章不是无情物"，文章实则是作者充沛感情的自然流露。任何一篇作品都包含着作者的丰富感情。由于音乐善于表达情感，也最容易触发听者的情感，在音乐欣赏中很容易引起欣赏者感情上的共鸣。因此，把音乐引入课堂教学，作为情境教学的一种重要手段也就为越来越多的学前教师所青睐。如讲《古朗月行》时配上一段古典名曲《月儿高》，其中的音乐形象使幼儿感受到了大自然的景色优美，乐曲所表达的诗情画意深深感染了幼儿，课堂气氛十分活跃；在讲解《春》的时候，选用乐曲《江南春》来创设春天的意境，一首乐曲引发了幼儿无穷的遐想，遐想中感悟到了春天的脚步，很好地激发了幼儿的学习兴趣。

（二）诗中有画，画中有诗

语言学习和美术联系天成，单说个中的诗与画，自古就有"诗中有画，画中有诗"的佳话，语言学习课借助美术手段，极易做到水乳交融。

出示挂画或播放幻灯片。教师在使用挂图时应当慎重选择，以免弄巧成拙，教师所选择的挂画应当能体现出作品的意境美、人物美。有时还可以选用或制作幻灯片，如教幼儿认识石桥时，用幻灯机播放包括赵州桥、卢沟桥在内的中国石拱桥图片，能加深幼儿对石桥的理解。

给作品画示意图，使课文分析生动形象，幼儿也可以画一画动笔画一画。如讲《精卫填海》时，可以画一幅儿童图，来进一步理解故事的精髓。

制作 CAI 课件，给课文配动画片。在讲《大禹治水》时，可利用 Authorware 创制二维动画短片，并配上背景音乐。在课件的播放中，幼儿轻轻松松就把握了课文的情节：三过家门而不入。

第二节　注重语言运用的外向锤炼

一、语言内化与外向锤炼

（一）优化主动内化语言的过程

语言的内化规律表明，语言训练要促使幼儿经历感知、理解、积累、运用的学习过程，优化教学手段，加速内化进程。

1. 调动多种感官，促进感知

感知是主动内化的前提，要调动幼儿的多种感官，动口、动手、动脑，将语言文字在一定程度上还原成活生生的情景、具体可感的物象，促进幼儿对语言的充分感知。

2. 点拨语言的内在联系，促进理解

理解是内化最重要的过程。儿歌的内容，幼儿大多数能自己读懂，所以教的功夫要花在点拨上，引导幼儿在疑惑处精思、在动情处体会、在精妙处揣摩，促使幼儿学会抓住词语间、句子间、上下文之间等内在的联系点理解、感悟。

3. 讲究诵读方法，促进积累

读懂的语记不住，便不能成为幼儿自己的语言，语言积累要讲究诵读方法，变"死记硬背"为"活记乐背"，让幼儿记得主动，背得积极。

有效示范背诵。教师的示范具有无穷的力量，在幼儿畏难时亲自背一背，幼儿自然从心底叹服，此时再现身说法，点一点背诵的"秘诀"，提一提背诵的"关卡"，幼儿自然会心领神会，跃跃欲试。

应用背诵方法。教师要根据教材特点和遗忘规律，教给幼儿基本的背诵方法，如整体背诵法、分段背诵法、分散与集中相结合法。同时，鼓励幼儿自己总结背诵方法，并相互交流。

开展背诵竞赛。小幼儿正处于记忆的黄金期，从小练好背诵的"童子功"，积累丰富的语言材料，会使幼儿一生受用。

4. 迁移语言规律，促进运用

理解、积累是运用的基础，运用是内化的延续。教学中，教师要善于抓住教材中蕴含的语言规律，精心设计迁移训练，让幼儿练习说、练习运用，逐步熟练、掌握，最终成为幼儿得心应手的语言能力。

（1）运用儿歌中精彩的词语、句子进行表达训练；

（2）运用儿歌中精妙的句法、章法进行表达训练；

（3）运用儿歌中精巧的立意构思进行表达训练。

在语言文字的训练过程中，教师不仅要对感知、理解、积累、运用这四个环节精心组织，使之优化，而且要使之连成一个整体，提高训练的内化效果。

（二）拓宽幼儿主动发展语言能力的天地

语言教学应着力课堂，夯实幼儿语言的基本功，但发展语言能力"功夫在寺外"。语言教学还应着眼于生活，引导幼儿在丰富的语言实践中外向锤炼语言、用活语言、发展语言。

1. 办晨间"广播"

每天轮流两名幼儿当播音员，利用晨间 10 分钟对全班幼儿进行实况广播。每名幼儿每天讲一条自己在生活中的见闻，可以是从电视中看到的新闻，或从电台中听到的消息，或从书籍上阅读到的故事，或从生活中遇到的事情等等。每周组织幼儿评选最佳播音员、最佳故事奖，促使幼儿练听、练说、练讲。幼儿人人有参与的机会，个个有成功的体验，且乐此不疲。

2. 搞"书市"交流

鼓励幼儿每周阅读一本课外书，然后组织一次书市交流活动，相互介绍好书，促使幼儿课外进行广泛阅读，提高阅读能力。

3. 说"循环"日记

把全班同学分成几个学习小组，每组若干个同学，每天轮流说一篇日记。在这个活动进行的过程中，逐步地对循环日记的训练过程进行优化，最终达到相互激励、互评互改的目的。

鼓励说生活。幼儿在日记中彼此启发、借鉴说的内容，找到了"说话"的活水源头，说出童真童趣。

指导与评语。要求幼儿在说日记前要认真听前一位同学说的日记，并说出一句话的评语。这样一方面提高了幼儿说日记的责任感；另一方面激发了幼儿主动评改的动力，在互评互改中学会了修改，提高了表达能力。

及时做讲评。每周都对全班的循环日记做一个评比，再次叙述优秀日记，发掘创新精神，使日记成为幼儿学习、生活中的一件乐事。

如果以上方法在语言教学中积极实践，定会收到较好的收获：幼儿的基础扎实了，学得主动有效，全体幼儿都有了进步，幼儿的个性得到了发展，在课堂教学中常常闪现创造的火花。

（三）创设主动学习语言的条件

在课堂教学的舞台上，幼儿是"演员"，教师是"导演"；在语言训练的运动场上，幼儿是"运动员"，教师是"教练员"。教师要本着"教是为了学"的观念创设语言训练的条件，让幼儿主动进行听、说、读的语言活动。

1. 留给幼儿充分"读"的时间

语言要"以读为本"。如果学前教师讲得多、问得多，留给幼儿读的时间就会少了，很容易使幼儿"读"的能力得不到锻炼。把时间还给幼儿就是要让幼儿多读、读好。要舍得花时间让幼儿读，读通顺是学习的第一步；要切准可读之处让幼儿读出感情；要精选读的形式和方法，齐读、个别读、分角色读、引读等应根据所讲内容和时间，灵活设置，使幼儿始终处于一种积极兴奋的读书状态。

2. 把问的权力让给幼儿

"学贵有疑"，让幼儿主动提问最能激发学习的积极性。首先，要抓住时机引导问：课始，鼓励幼儿带着疑问开始学习；课中，激励幼儿对重点难点深思质疑；课尾，引导幼儿回顾学习过程做反思，问得失。其次，要针对提出相机诱导：及时做出评价，对闪现幼儿智慧火花的问题加以肯定，并引导全体幼儿在思考中"打问号"，使幼儿学会提问；针对问题指点思路，让幼儿学会思考；对问题进行归类、筛选，促使幼儿在"问"与"答"之间，主动发展语言。

3. 把写的安排纳入课堂

语言课往往是"君子动口不动手"，写的训练常常被忽视。适当的让幼儿在课堂写字，可以端正幼儿写的态度，提高书写意识。对进入小学正式学习写字可以起到铺垫的作用。

4. 善于留出时间让幼儿大胆地讲

教师的精讲是必要的，但幼儿主动发表自己认识、感想的交流更重要，教师要多提供让幼儿畅所欲言、各抒己见的机会。要让每一个幼儿都有讲的机会；指名回答问题，耐心帮助、指导，给幼儿讲好的机会；创设讨论情境，利用理解中的矛盾点、分歧点，鼓励幼儿在表述中磨炼语言、磨炼思维。

二、学前教师教学语言的外向锤炼

教学语言是教师的职业语言，教师的教学语言水平直接反映出该教师的道德修养、学识水平、教学水平，它既是教师的教学技能，又是教师需要努力锤炼的教学艺术。

教师尽管在课前做了一番备课准备，但也只是遵循备课的基本框架，几乎没有哪位教师能备到每句每字的程度。因此，教学语言可以理解为教师在课堂上"因学情而言、因问题而说、因文本而论、因感情而发"的一种即兴演讲。面对众多幼儿，教师的教学语言或讲述，或论辩，或质疑，或提问……许多教学语言靠的是教师丰富的教学经验和育人智慧。如果教师的教学语言存在不适用幼儿学习的现象，就容易导致课堂教学重点不明、难点未破、学习效率不高、教学目标实现不理想等问题。教师努力锤炼教学语言艺术，才能把自己的课堂打造成充满魅力的课堂。

（一）以旁观者的身份聆听自己的课堂教学语言

建议教师利用手机或者录像机对自己的课堂进行录制，便于自己以批判者的身份审视自己的教学语言。播放时会清楚地发现哪句话说得非常精彩，哪句话说得苍白无力。当自己以批判者的身份对视频中的自己进行评审的时候，实质是一个自我反思的过程。通过此活动，我们会有意识地发扬自己语言上的成功之处，尽量回避自己的语误问题。如果这种自我批判式语言纠偏活动形成一种课余习惯，相信用不了多久，我们的教学语言水平便会大幅提升。

（二）寻找合适的创新方向，提升教学语言魅力

教学语言应富含知识的丰富性，教师能够在恰当的时机向幼儿清楚明白地介绍语言知识；教学语言也应富含专业拓展性，教师能够在各种场合准确地回答幼儿的各种问题，不仅是专业领域内的，也包含专业领域外的，如历史文学、文化礼仪、时事政治、地理环境、风土人情、沟通交际等；教学语言还应具备一定的思想深度，教师须具备较高的分析认识能力，能够从问题的表面分析到问题的实质，并触类旁通，做到深入浅出地讲解；教学语言更应富含现场表达技巧，也就是教师在课堂教学过程中临场应变的语言能力，能够及时捕捉、理解、分析幼儿学情，不出现忘词、怯场、词不达意、胆怯、含混不清反反复复等现

象，快速形成语言构思，沉着冷静、即景生情、一语中的、有条不紊、循循善诱、巧妙应变、逻辑清晰，把教学语言说得"通"、说得"透"、说得"活"、说得"趣"、说得"美"。

教师也应"不耻下问"，在自己发现语言问题的基础上，也不妨邀请同事、幼儿代表等人来给自己的教学语言"挑病"。教师在知道自己的教学语言的提升方向和目标时，就应当努力对自己的语言水平进行科学的学习训练，长期地推敲、反思、加工、雕琢，尽可能地把话说得快慢轻重适当、明白易懂、生动有趣、精益求精，让幼儿易于理解和接受，更符合幼儿语言发展规律，最终形成具有自己独特魅力的教学语言风格。

（三）勤写教学随笔，提升教学的语言水平

写教育随笔是我们教师进行教育理论、思想、艺术总结的良好活动，只要教师带着反思的精神勤写教育随笔，就会发现有许多值得写、值得反思的内容。成功的教学往往体现在从不同的角度与深度去把握教材内容，以恰当的方法去设计教学环节。教师教育随笔上的语言都是教师根据日常教学实践所总结而来的，是教师以积极的态度思考自己的教学过程始终，并发挥主观能动性去求经问道、解决教育问题。

写教育随笔不仅可以帮助教师提高写作能力和科研水平，而且对锤炼自己的教学语言艺术也会起到莫大的促进作用。对教师来说，只有经过细心思考的创作，才能印象深刻，其中偶尔闪现的智慧结晶也许就会成为教师今后经常付之教学工作的至理名言。这种创作过程可以在无形中提高教师提出问题、分析问题和解决问题的能力，使我们有效回避教学中的各种失误，对自己的教学工作有一个全面的评估。当我们写教育随笔积累到一定程度，头脑中便会储藏不可估量的智慧宝藏，然后再在教学中理性地灵活运用，不仅会提升教师自身的教育境界，也会使幼儿为教师的教学语言而钦佩不已。

教学语言是教师最基本的教育技能，是教育的生命力表现，它直接关乎教学质量的水平，影响幼儿获得该学科知识、能力的发展。"工欲善其事，必先利其器"，如果想要自己的课堂焕发出勃勃生机，若要幼儿或同事欣赏自己，教师就必须刻苦锤炼自己的教学语言艺术。要把自己的教学语言发挥出"魔棒"的作用，让课堂成为一个享受的过程，激发起幼儿爱听、勤记、乐思的学习热情，使我们的教学更加趋于科学、高效。

第三节　拓宽优秀文学作品的阅读

语言教育既要训练幼儿的语言能力和文字能力，又要注重幼儿的人文教育，而经典文学作品的阅读不仅能丰富幼儿的精神世界，还能提高幼儿的综合素质和审美能力。作为学前教师，有责任唤醒幼儿对优秀文学作品的阅读兴趣，通过营造浓烈的阅读氛围，给予恰当的阅读方法指导，精心提供阅读书目，让幼儿最终养成"好读书、读好书"的习惯，从而成为一个幸福的终身读者。

一、经典文学作品阅读的作用

（一）传承传统文化

传统文化往往蕴含在经典文学作品之中，经典文学作品作为文化载体，幼儿可以透过作品内容吸收丰富的文化知识，感受书中时代的政治、经济、人文等社会面貌。每个国家都有独特的文化传统，都有丰富的文化经典，而这些经典作品是人类共享的精神财富，因此经典作品的阅读不分国界、不分地域、不分种族。

（二）提升幼儿的自我认知

文学作品来源于现实生活，是现实社会的真实展现，而文学作品中的现实不仅是直观的现象展现，也是现象背后的本质展现，因此文学作品的阅读可以引导幼儿更好地认识世界，提高幼儿的自我认知。

（三）提高幼儿的综合能力

文学作品借助语言来传达情感，因而文学作品的阅读可以帮助幼儿规范语言表达，让幼儿在情感性、形象性、音韵性、含蓄型的语言表达中学习如何贴切地表情达意。同时文学作品通过形象具化来传达感情，因而文学作品的阅读可以帮助幼儿发散形象思维和联想思维，使幼儿的思维能力不受观念的束缚，呈多向发展和创新发展。

（四）培养幼儿的审美意识

当今社会的教育要求是提倡人文教育和素质教育，而文学作品的阅读可以培养幼儿的人文情怀，提升幼儿的审美意识。文学作品不仅是现实世界的展现，也是作家内心的写照，经典作品往往蕴含着作者的思想情感。优秀的文学作品不仅给读者带来视觉上的享受，还给读者带来巨大的精神力量。

二、经典文学作品的阅读实践

（一）情境创设

根据文学作品的内容来营造相关的情境氛围，让幼儿在情境中消除和作品的距离感，从而走进作品去体验作品中的思想情感和主旨内涵。教师可以通过对作品情节的语言描述、可以借助多媒体技术等手段来引导幼儿进入作品情境，让幼儿了解故事情节、把握人物性格、理解文学精髓。例如，阅读海伦·凯勒的《再塑生命的人》，教师可以组织幼儿只动唇、不加动作和不出声地传达话语，让幼儿感受到没有语言的交流何其困难，从而深刻理解口不能说、眼不能见、耳不能闻的海伦·凯勒的思想情感。

（二）激发幼儿的联想与想象

文学作品中往往会有一部分弦外之意需要读者通过合理联想和想象来深入理解，因此文学作品阅读中，教师要抓住留白处引导幼儿合理联想，让幼儿把文字符号转化成形象画面，从而进入作品境界、获得审美体验，并通过内心情感进行作品的再创作。例如，在《木兰诗》的阅读中，教师要引导幼儿联想木兰从军的无奈，拜见天子的动作、语言、心理等，让幼儿的头脑中形成一个丰满立体的、有血有肉的、活灵活现的人物形象。

（三）引导幼儿产生情感共鸣

在阅读文学作品时，教师要引导幼儿结合现实经历去感受作品思想、理解人物内心，通过和作品的情感共鸣形成独特的认识和体验。当幼儿用这种共鸣体验阅读作品时，就能形成交互式的上升理解，从而更好地认知作品主旨、感受作品情感。例如，《羚羊木雕》阅读中，家长和主人公的矛盾和幼儿生活中的实际情况很相似，教师可以引导幼儿结合生活经验阅读，并且对于幼儿的阅读体验给予正确指引，让幼儿在认识作品的过程中认识自我、完善自我。

（四）将读与说结合起来

阅读文学作品是发现美的过程，品评文学作品是创造美的过程，因此教师不仅要引导幼儿去发现美，还要帮助幼儿创造具有幼儿自我个性的美。读与说结合可以使幼儿深化作品理解、提高语言运用能力，例如，《春》的阅读中，教师可以引导幼儿展现自己眼中的春天，通过自身眼中的春天和朱自清眼中的春天进行比较，让幼儿在欣赏作品优美语言的同时，提升写作技巧，享受创作喜悦。

（五）提倡对比阅读

把内容和形式存在一定联系的作品进行对比阅读，让幼儿在对比阅读中发现作品的各自特点，对比阅读不仅可以帮助幼儿在对比中理解作品，还能拓展幼儿的阅读视野，训练幼儿的联系思维。但是对比阅读中，教师不能单纯地比较作品的相同和不同，而是要引导幼儿在对比中学习、欣赏、应用。例如，教师可以通过《蝉》和《贝壳》的对比阅读，让幼儿在挖掘生命意义和价值主题的学习中更好地理解文学作品。

语言教育是双重的，既要训练幼儿的语言能力和文字能力，又要注重幼儿的人文教育，而经典文学作品的阅读不仅可以提高幼儿的语言运用能力和文学素养，还能激发幼儿追求真、善、美，培养幼儿的审美意识和正确价值观。

三、拓宽幼儿课外阅读面，激发幼儿课外阅读兴趣

张志公先生早在 80 年代就指出："怎样读得好，读得快，理解得准，敏锐地抓住自己所需要的内容并且记得住，怎样使读的效率提高，成为许多人关心的问题。"解决这一问题的第一要素就是培养幼儿对文学作品的阅读兴趣。

阅读兴趣是推动阅读者通过阅读去探求知识、感悟文本情感意趣的带有情感体验色彩的一种意向。教育心理研究表明，阅读兴趣的形成和发展大体经历有趣、乐趣、志趣三个阶段。这三个阶段是渐进性发展，是随着阅读所得的不断巩固、扩大、加深，是导致阅读兴趣产生并保持的重要条件。幼儿阅读所得越多、越牢固，产生的兴趣和保持的可能性就越大，直至养成阅读习惯，乃至成为终生读者。

那么，作为学前教师，在幼儿阅读兴趣的培养上应做怎样的工作，怎样才能帮助幼儿从阅读中收获快乐呢？

（一）激发幼儿的阅读兴趣

兴趣是最好的老师，幼儿的阅读兴趣一旦被激发，他们就会将阅读变成自觉自愿的行为。

1. 营造阅读经典作品的氛围

在班级布置时，张贴关于读书的名言警句等标语对幼儿进行鼓励；还可以利用阅读课讲名人读书的事迹来激励幼儿读书；建立班级图书角；组织开展丰富多彩的活动，如，"精彩推荐""名人伴我行—读名人言讲名人事"、诗歌朗诵会、故事会、读书心得交流会等。鼓励他们表达自己的读书心得，但千万不要强求，不可操之过急，可采用激励机制，将精彩的读书心得由老师记录下来，"发表"在班级的宣传栏上。

2. 净化阅读目的

阅读目的可分成四种：消遣娱乐、了解信息、增长知识、陶冶情操。在日常的阅读指导中，应尽量引导并帮助幼儿净化阅读目的，树立正确高雅纯粹的阅读目的，并及时向他们推荐适合中幼儿阅读的优秀文学作品，从而收到最佳的阅读效果。

3. 以课文为范例，激发幼儿大量阅读课外书

用来给幼儿讲述的故事大多都是选自名家名篇，有的是从名篇中节选或改编的。讲解时，可以把这些片段的前后内容或作者的相关资料给幼儿做一个简要介绍，以激起幼儿了解整个故事的兴趣，再把相关的书籍介绍给幼儿，这样幼儿就能够有兴趣地读完这些书。比如讲《丑小鸭》的故事，可以推荐幼儿看《安徒生童话》这本书。

4. 把握示范功能，与生同读，诱发幼儿的阅读兴趣

苏霍姆林斯基说："把每一个学生都领进书籍的世界，培养对书的酷爱，使书籍成为智力生活中的指路明星，这些都取决于教师，取决于书籍在教师本人的精神生活中占有何种地位。"教师既要重教书，也要重读书。要让幼儿热爱读书，教师首先要爱读书。教师要成为幼儿读书的榜样。可以在班级经常开展"师生同读一本书"的活动，教师把看到的好书介绍给幼儿，幼儿看到好书也可推荐给老师看，这样交流起来就有了共同的话题。教师也可以一直坚持每天为幼儿读 20 分钟书，这样的方式保证了每个幼儿每天都有一定的阅读量，通过教师声情并茂的演绎，让幼儿对文学作品产生了浓厚的兴趣，每一天的"听教师读书"成了幼儿最期待的事情，甚至有的幼儿会迫不及待地"追"这老师读书。

（二）课外阅读的方法

学习要"授之以渔"，阅读同样如此。教会幼儿基本的阅读方法、阅读技巧，就能逐步培养出良好的阅读习惯，使阅读兴趣得以培养与保持。林语堂说："读书须有胆识、有眼光、有毅力。"这可以作为培养幼儿阅读的一面镜子。

1. 指导幼儿有效选择

现代社会，各式各样的书籍如崇山瀚海，良莠不齐。常言道："开卷有益"，但前提是这个"卷"本身是有益的。学前教师有义务要培养幼儿对真善美、假恶丑的辨别能力。要指导幼儿寻找适合自己年龄和知识范畴的书籍来读，这样才能帮助幼儿树立正确的读书观。

2. 指导幼儿读书方法，提高阅读效率

在有限的时间内，提高阅读的效率是非常重要的。要教会幼儿泛读和精读、快读和慢读相结合。颜之推在《颜氏家训》中告诫他的后世子孙："光阴可惜，譬诸逝水。当博览机要，以济功业。"郑板桥在《板桥家书》中对弟弟说："即如《史记》百三十篇中，以《项羽本纪》为最，而《项羽本纪》中，又以巨鹿之战、鸿门之宴、垓下之会为最。反复诵观，可欣可泣，在此数段尔。若一部《史记》，篇篇都读，字字都记，岂非没分晓的钝汉！"

精读就是仔仔细细地研读，反反复复地揣摩、品味。它是幼儿学习从文章中提取信息的规则和方法的活动，教师指导幼儿精读可从几方面着手：①咬文嚼字，学会查阅。对文中碰到的一些字词仔细研究、推敲、辨析，通过教师的训练，让幼儿逐渐习惯对文中的字词独立地尝试进行分析；②品味重点语句，体会句子的语意，从而培养敏锐语感；④熟读成诵。

而泛读的特点是广泛涉猎，博览群书，泛读的目的是通过大量的阅读学习语言，提高思想认识，陶冶情操，启发智慧，发展思维，获取知识信息。泛读的方法主要可采用：

扫视法，对文字用眼睛和思想一下子把握住，然后离开文字，记住文字并进行思考体会。

跳读法，即不按文字顺序阅读，主要捕捉自己需要的和感兴趣的内容，重点把握住目录、标题、语句的骨干；

（3）信息要点的标志处；

（4）文章大意等。

综上所述，精读与泛读看似矛盾，其实不然，实际上，二者是相辅相成的，它们是幼儿阅读能力形成的两翼。

3. 指导幼儿有计划地读书

常言道："凡事预则立，不预则废。"阅读亦是如此。许多幼儿因读书没有计划，不仅造成时间上的浪费，也使得读书缺乏系统性。在阅读之前制订一个读书计划，按照计划约束自己、管理自己，会极大地提高阅读效率。可以让每一个幼儿根据自己的兴趣爱好，制订一份自己的读书计划，保证每天阅读不得少于半小时。然后在教师的指导下，列出具体的书目，最后根据自己的阅读计划按部就班地执行。每半个月进行一次读书交流会，让幼儿的思维相互碰撞，产生火花。

（三）养成课外阅读的习惯

培养幼儿阅读兴趣的最终目的就是使阅读成为幼儿行动或意志的趋向，变被动阅读为主动阅读，使阅读成为其自觉的行为习惯，从而形成习惯，成为终生读者。

1. 精选材料提供给幼儿

高尔基说过："读一本好书，就是跟一个高尚的人谈话。"可见精选读物的重要性。好的书籍能发挥正能量，启迪智慧，陶冶情操。所以，教师要积极引导幼儿阅读经典名著，推荐优秀篇目。

其次分步推进，制订短期阅读目标和长期阅读目标。如在规定的时间内完成一定的阅读任务；每周至少阅读两个成语故事；定期开展丰富多彩的主题阅读活动。经典诗文要细嚼慢咽，品味诗文中蕴含的丰富情感，并力求在规定的时间内完成背诵。

教师一个人的力量有限，学校有必要结合各种主题读书活动，将优秀的记叙文、诗歌、散文、科普小品、小说、人物传记、游记推荐给幼儿，如少儿版的四大名著，郭沫若、冰心、泰戈尔等国内外的名人诗歌，毛泽东、林肯、爱因斯坦等伟人和名人传记。多体裁的课外阅读会让幼儿在故事的真情世界中感受真、善、美，在传记的人物传奇经历中体悟成功的苦与乐，在诗歌的韵律中变得越发灵秀，在经典诵读中陶冶情操。

2. 及时检查督促，广泛交流阅读心得

幼儿进行阅读，如果没有相应的检查督促制度，很可能会成为一种形式，达不到读书的目的，因此必须有一套合理而完善的制度做保障。起初要求幼儿每周至少说一次读书的心得体会，然后每半月交流一次读书心得。随着阅读所得的不断巩固、扩大、加深，阅读行为的持续发展，幼儿会逐渐形成阅读志趣。

第四节　讲究语言的色彩美、音乐美

一、关注语言文字所营造的意境的色彩美

美育是对人进行审美观念与美的价值的教育，在文学作品中，指幼儿通过阅读和理解，对文字所表述的情感、文字所体现的人文色彩、文字所体现的意境美和意蕴美的感受和理解，在导入阶段应注重语言的色彩，利用多媒体技术展示视觉、听觉的色彩。语言教学具有两个特点：一个是人文性；一个是工具性。在人文性方面，文学的美育教育是一个重要的内容，是对幼儿进行情感态度价值观教育的一个重要方面。美育是对人进行审美观念与美的价值的教育，在文学作品中，幼儿通过阅读和理解，对文字所表述的情感、文字所体现的人文色彩、文字所体现的意境美和意蕴美的感受和理解，就可以作为对幼儿进行美育教育的内容。幼儿在感受文字的意境和意蕴时，形成完美的品格、荡涤心胸、丰富感情、拓宽思路、丰厚文化底蕴。

（一）在导入阶段注意语言的色彩

幼儿时代是一个人的生理、心理发育的基础阶段，在这个阶段，幼儿对美的追求和鉴赏是最为强烈的，也是最具个性的。语言教学中实施美育可以有多个层面和多个环节。导入的语言对课堂的教学效果影响非常大，在导入阶段实施美育是一条重要途径，语言本身就富有美的感觉，作家笔下的壮美山川、人们生活中的真善美无不浸透着美的元素。课堂导入环节，教师要利用语言对幼儿进行美育教育，针对讲课的内容，用富有情感的语言为幼儿的学习营造一种氛围，创设一个情景，将幼儿的心情带入教学需要的氛围中。美育也是一种情感，是内心世界的一种感受。在美好的语言、美好的意境之下，对幼儿进行审美的

情感教育。

（二）借助多媒体技术展示视觉听觉的色彩

审美情趣是指审美主体在审美活动中表现出来的个人倾向，它体现的是一种个人的主观喜好，属于个人的感情范畴，具有极其浓厚的主观色彩，这是因为其主观自由性比较强，所以，对幼儿审美情趣的理性化引导就尤为重要。而语言文字是人们交流思想、表达想法的工具，但因为语言文字本身就具有情感色彩，也是人们欣赏美、创造美的基础，所以，审美情趣和语文教学密不可分。

多媒体强大的优势在各个阶段的学校教育中都发挥了重要的辅助教学作用，很多经典美文，以及古今中外著名作家的作品，在网络上都有很多声情并茂的朗诵，教师可以在教学中给幼儿播放相关的视频、音频，感情细腻的好文章蕴含着思想情感、意境美。优秀的朗诵加上音乐效果的烘托，可对文字实行再包装，让幼儿体会出文章蕴含的美。如果只靠教师的语言讲解，那么文字后面包含的美就无法全部体现出来，如果利用音乐及多媒体技术将文字变成有声的表达，幼儿在音乐气氛的烘托中，可以更深刻地体会作者的写作意图和要表达的思想感情。用有声的语言引导幼儿步入文字的美丽花园，欣赏作者用文字构筑的大美风景。深情的朗诵可以感染所有的幼儿，幼儿边听，情绪边发生变化。文字的感染力尽显无余，这是得力于朗诵的结果，在有声文字的影响下，幼儿开始了新的学习。

文字没有色彩，但是文字中蕴含的意境有色彩。文章的内涵是有色彩的，人性、风景、情感都是作者用文字表现出来的。教师教学中要善于用情景、信息技术等手段为幼儿挖掘文字背后的意蕴美和色彩美，感受文字带来的色彩，让幼儿深刻地体会作者的写作意图，体会作者所要表达的思想情感。

二、关注语言的音乐美，对幼儿进行审美教育

通过认识汉语声韵美的构成规律，探寻在语言教学中，教师如何充分挖掘语言的美感，利用语言的音乐性，创造条件借助音乐手段对幼儿进行审美教育，让幼儿形成美的心灵、美的人性。

众所周知，在语言教学中实施美育是势在必行的，也是大有可为的。列夫托尔斯泰曾说："音乐的魔力，足以使一个人对未能感觉的事有所感觉，对理解不了的事有所理解，使不可能的事一变而成为可能。"可见音乐的力量是无

穷的。在语言教学中，充分挖掘教学材料的美感，利用语言的音乐性，借助音乐手段进行审美教育，往往会取得事半功倍的效果。

（一）汉语声韵美的构成规律

汉语言文字是凝滞的音乐。每当诵读一篇篇好文章时，就会觉得抑扬有致、流畅自如，在听觉上得到一种美的享受，真是"声转于吻，玲玲如振玉；辞靡于耳，累累如贯珠"。正如明代的谢榛在《四溟诗话》中所说："诵之如行云流水，听之金声玉振，观之明霞散绮，讲之独茧抽丝。"其实，这就是汉语音乐美的表现。

1. 体验诗词抑扬顿挫的节奏之美

汉语自身具有阴、阳、上、去四个声调。我们的教材在选材中注意了各种不同声调的搭配，平仄相间，将会使一篇文章有起有伏，似音乐中不同音符组成的旋律一般流畅优美，给人以听觉上的美感。如杨万里的《小池》："泉眼无声惜溪流，树阴照水爱晴柔。小荷才露尖尖角，早有蜻蜓立上头。"此诗平仄、韵脚规整，整首诗 28 个字如音乐中七个音符交错，高低变化，朗诵时拿起腔调，使整首诗抑扬顿挫，节奏优美。

2. 语调的旋律美

课堂上所选用的教学材料在遣词造句中都很讲究音节之间的协调、配合、语调和谐，不论是长句、短句、整句、散句，还是语调的停延、轻重、缓急、抑扬等，都非常讲究音节的匀称和谐美，使文本的语言色彩形成了优美的旋律。

3. 押韵的回旋美

汉诗在语音形式上的重要标志是押韵，押韵是使语音产生韵律节奏的又一重要手段，它使句子之间形成了同色音与异色音相间的回环往复。由于汉语音节的韵尾没有清音，而是由元音或浊鼻音 n、ng 充当，所以汉语押韵句读起来分外和谐悦耳。恰当地用韵，可以使语音读起来音韵回环、余韵缭绕，韵味无穷，而且便于传诵和记忆。

4. 叠音的和声美

通过叠音、叠韵、双声来构词组句，形成和声美是汉语悠久的历史传统，是汉语词汇和语法的特有现象。如《关雎》"参差荇菜，左右采之；窈窕淑女，寤寐求之。求之不得，寤寐思服；悠哉悠哉，辗转反侧"。诗中"参差、窈窕、辗转"等双声叠韵词的运用增强了诗歌的音韵旋律和拟声传情的生动性。

（二）利用教学材料，借助其音乐美对幼儿进行审美教育

培养幼儿的审美素质，关键是培养幼儿感受美、鉴赏美、创造美的能力，从而让幼儿形成美的心灵、美的人性。教学中，我们要利用汉语自身具有的种种音乐美，运用各种手段，在课堂教学中对幼儿进行审美教育。

1. 借助朗读教学，使幼儿从听觉上感受美

审美教育是以情的感染为主要特征的，而诵读的特点就是"以声传情"。"文章不是无情物。"一切作品都寄寓着作者对现实生活的审美评价，渗透着作者丰富的思想感情，具有鲜明的爱憎和独特的艺术魅力。教学时，有目的地采用多种形式，指导幼儿朗读课文，尤其根据语言的节奏美有感情地朗读，使幼儿触摸到文章的灵魂，与作者的情感形成共鸣。这样，幼儿会情不自禁地被课文吸引，进入美的境界，体验美的情趣，受到思想情感的熏陶和教育。

例如《春》这篇文章是体现语言音乐美的典范之一。作者笔下的春草图、春花图、春风图、春雨图如同一首交响乐的四个乐章，将春天的美从各个角度展示给大家。在嫩嫩的绿草地上有很多无忧无虑的儿童在欢快地嬉戏；大树就好像美女一样展示着自己柔美的身形；在春风中，鸟儿争相歌唱；细雨中的温馨和浪漫……这一幅幅优美的画面就像一个个动人的乐章，让读者从中感受到了不同的节奏和旋律，却体会到了一样的自然之美。如何让幼儿从听觉上感受文本语言的音乐美，感悟生机盎然的大自然美，从而受到催人奋进的教育？教学时，教师可以先进行有感情的朗读示范，让幼儿倾听教师的范读，自然而然地和作品产生共鸣，接着教师可以选一两句经典的句子，让幼儿自己朗读，再根据幼儿的掌握情况，进行朗读训练，让幼儿在反复的朗读中感受和表现文本语言的音乐美，并受到教育。

2. 分析文章使幼儿充分体会文章的情感，受到美的熏陶

课堂教学中，教师课堂语言的准确性、优美性对整堂课的成功与否起到很重要的作用。教师的语言清晰、具有情感性，而且语速适中，再加以合适的手势、表情，更能吸引幼儿，使幼儿轻快地自然地领会授课内容。每篇文章都有自己的风格，教师在讲授时，应仔细揣摩此文的风格，了解它的情感意境，然后在课堂上配以同风格的语调来讲述。如一篇欢快的文章，节奏鲜明，风格跳跃，如果教师在讲课时阴着脸，语调低沉，与课文所创设的意境背道而驰，这

样就不能调动幼儿进入作者所描写的意境中去，那这堂课的成绩就大打折扣了。例如《乡愁》这首诗是台湾侨胞余光中先生的杰作。诗人以时间的变化来组诗，用四个时间序词"小时候、长大后、后来啊、而现在"代表了四个人生阶段，既概括了诗人的整个人生，也是诗人一生浓浓的乡愁。四个比喻"邮票、船票、坟墓、海峡"更是都显示了诗人漂泊、隔离、诀别、可望而不可归的离愁别绪。如果教师把握住了诗的感情基调，在讲课过程中，以"乡愁"为主题，引用古往今来的思乡名句，甚至播放罗大佑的歌曲《乡愁四韵》创设意境，再配以感情朗读，一定会使幼儿对此诗有更深的理解。

3. 利用音乐手段，使幼儿感受到文章的旋律美

利用音乐手段，使幼儿深入到作品中，使幼儿感受到文章的旋律美，体会人文景观美、社会生活美、自然美。音乐作为一种教育手段，很早就为人们所知。荀子在《乐论》中指出："声乐入也深，其化人也速。"音乐以其独特的艺术魅力来感染人、影响人。例如讲孟郊的《游子吟》时，可以把母亲对即将远行的儿子的种种复杂微妙的感情全部凝聚在'临行密密缝'这个形象上。老师再感情饱满地表述："世间的情千万种，只有爱最崇高；世间的爱千万种，唯有父母之爱最无私。时间的长河可以带走一切，但带不走父母的爱。它已深入我们的骨髓，溶入我们的血液。这爱留在我们的心中，时刻温暖着我们的生命历程。"这样先声夺人，一下子就扣住了幼儿的心弦，使他们的思维、兴趣集中到了教师所设置的情境中去，充分调动了幼儿的学习积极性，并收到了良好的教学效果。然后采取边放音乐边示范朗诵的方法，幼儿从深情优美的旋律中感受到亲情的伟大力量，进而更深刻地体会到母亲这一高大的形象。

4. 关注整个教学过程的音乐美

既然音乐与语言有这么多的相似之处，那么在整个教学中，我们可以把教师与幼儿看成一个"乐队"。其中，教师作为"指挥"，在"乐队"中起着主导作用。教师要用自己的思维去理解"乐谱"，即教学材料，并且要做到对"乐谱"的旋律、节奏、风格、意境等精准把握，然后才能正确地引导幼儿去读"谱"，去学习。而幼儿充当着整个教学的主体。有人说，幼儿课堂上叽里呱啦的读书声好似一部交响乐，或者说是在唱一部大合唱。要唱好这部大合唱，首先要熟悉"乐谱"——教学材料。在熟悉"乐谱"的基础上，指挥要再引导"乐手"

们深入到"乐谱"中，运用各种手段，以致"乐手"们将自己融入作者所创设的意境里，完全体会到了乐曲的美质所在。然后再在"指挥"的指导下，发挥自己的想象力去创造美，进而达到教育的预期目的。

在整个演唱（教学）过程中，唱，也就是朗读，应是达到审美目的的一个重要手段，也是形式之一。"指挥"应在指导幼儿"唱"的过程中使幼儿更深入地理解课文，在提高"合唱水平"，即朗读技巧的同时，培养语感，使他们受到美的熏陶。另外，利用朗读培养幼儿的语感，也可采用大合唱的各种形式。如齐唱（齐读）、分唱（分读）、领唱（领读）、轮唱（轮读）等。这样会使课堂形式多样化，并且能起到事半功倍的效果。

第六章　学前教师教学语言的艺术与表现形式

教学语言是幼儿园教学活动的核心。没有教学语言，就没有教学活动。没有科学规范的教学语言，也不可能产生生动有效的教学活动。因此，教师教学语言的规范与否直接影响着师幼互动的质量和教学效果。

第一节　学前教师教学语言具有本色美

教学语言历来备受关注，它是教师能力素质中最重要和最基本的内容，整个活动过程实际上主要是教师教学语言的充分展示。对于幼儿教育教学活动而言，它是依赖于语言的，正如柏拉图所说的那样，语言是教育的工具它是教师的工具，就像梭子是织工的工具一样。教学语言的完善与否直接影响到学生在课堂上的脑力劳动效果。而幼儿园教育对象的特殊性，决定了学前教师的教学语言具有不同于一般教学语言的特征与规范。

一、学前教师教学语言具有独白与对话共融的本色美

幼儿心理学指出，幼儿语言的理解要先于语言的表达，也就是说，幼儿语言的理解和表达并非是同步的，幼儿在学习语言、运用语言时首先要理解别人的语言，继而才能在理解的基础上进行表达。这表明了语言与思维发展的非同步性。鉴于此，学前教师的教学语言更多地表现为知识渊博的教师向经验缺乏的幼儿呈现、说明知识的信息性陈述，是学前教师知识与一思想的一种"独白"。这种独白是基于幼儿语言与思维发展特点基础之上的。因此学前教师的教学语言从根本上说应该是独白式的，然而又不仅仅是独白式的。语言在海德格尔看来，既非描述，也非表现。而是"在者"的体验，是一种移情，所以，它和情

感是不可分的，是与人的本真的存在不可分的。

语言和思维有着密切关系的现实是无可否认的。从工具论的角度看，语言既是思维的表达方式，思维的直接现实，同时又是思维的一种工具，是人与人之间进行交往的工具。但从本体论和存在论的角度看，"语言是存在的家。人栖居在语言所建筑之家中。"教育中交往的过程是一种使用言语的行为，即人与人之间进行"对话"或"交谈"的过程。因此，教学语言作为一种教育交往过程中的言语行为从本质上说更应该是对话性的，是一种对话性语言。所以，幼儿教育视域中的教师教学语言也不应简单地视为学前教师一个人的"独白"，而更多地是"我"与"你"两个亲密、平等主体之间的"对话"过程，在这个过程中，说者教师要说出心声，听者幼儿要移情于他，

说者和听者有一种激动不安的精神交往的渴求。所以，人类学家布伯声称，对话之于教育的意义"一开始便是关系"，即两个相互独立的人在精神上的相遇。正如雅斯贝尔斯所强调的，真正的教育绝不允许死记硬背，也不是理智知识和认识的堆积，而是人的灵魂的教育，是使人与人精神相契合的教育。"教育不能无视学生的现实处境和精神状况，而认为自己比学生优越，对学生耳提面命，不能与学生平等相待，不能向学生敞开自己的心扉。"教育追求的是人的精神与灵魂的交流与沟通，据此，"教育领域是完全对话性的"，在对话的交互关系中，教师从不作为知识的占有者和给予者，而是以语言为基础，通过对话启迪幼儿的智慧。因为"对话是探索真理和自我认识的基本途径""对话是真理的敞亮和思想本身的实现"。学前教师教学语言的对话性，是对话双方从各自的经验出发达成的一种视界融合，视界融合的结果一方面培植了主体闻比，另一方面促成了双方认知结构的不断改组和重建。所以，苏格拉底说，教育不是知者带动无知者，而是通过对话师生寻求共同的真理。在对话中，幼儿被当作一个真正意义上的"人"进行教育，体现出学前教师对幼儿作为一个能动的、跟自己一样有着独立的自我意识和判断能力的主体性存在的尊重。

二、学前教师教学语言具有体验式的多元解读的本色美

现代解释学认为，人类运用语言来理解世界和表达人类对世界的理解，一反过来看，语言又是对人的理解方式和理解程度的表达。因此可以这样说，语言是人对自己的理解的表达。在解释学的观念下，语言应当可以被深刻地理解，

语言构成的是更为多彩的世界。学前教师的教学语言作为一种特殊的语言，是教师以其独特的心灵体验、`独立的反思意识和独到的理论解释，去建构和表达自己思想中所理解和把握的教学内容的。这种理解与表达是教师个人世界观甘道德观、思想感情、理想情操、知识积淀、思维方式等因素的综合体现。不同的人由于心灵体验、反思意识和理论解释等的差异，对同一内容的理解和体验会有所不向，所以，对不同的教师来说，即使是同一教学内容，在其内部的体验与理解也是多元的、不尽相同的。语言作为思维的物质外壳，这种不同的体验与理解便构成了学前教师教学语言自身的多元解读性。

对于幼儿来说亦是如此，幼儿作为一个未成熟的、正在形成中的生命个体，知识经验缺乏，掌握的词汇较少，理解与思维的水平比较低，难以较好地把握和理解教师的教学语言。即便是教师带有确定的目的和意图说某些话并希望产生某种特定的效果，也并不总是可以在幼儿那里真的能够产生这种效果的，此种情况极易造成说者"能指和所指的不统一"，"意欲表达与实际表达的不同一，实际理解与期

望理解的相偏离"。解释学的代表者福利特纳认为，文本教师教学语言的意义不在作品语言本身，而只出现在作品与学生解读者的对话之中作品的意义并非先于对作品的理解而存在，相反，它依赖于学生解读者的理解而存在。按照福利特纳的观点，幼儿对教师教学语言这一特殊"文本"的理解不是对语言原意的一种客观复制，而是作为理解者的幼儿富有创造性的理解与解读，因为，解读者幼儿总是不会空着手进入和展开阐释的，即便自己的理解也许是不充分的，甚至在某些情况下可能是不正确的。但在这种理解与解读中，依旧可以达到师幼思想、情感、意识、人格力量等的沟通，达到启迪幼儿心智、唤醒人格心灵，实现彼此的心理体验与移情和相互的交融理解与接纳，促使师幼真正作为不同的精神个体进行体验、理解与沟通。

所以存在主义哲学家海德格尔说"语言是思想的寓所""语言是存在的家"，把语言理解为人的存在方式，没有语言，存在就无处寄身，也无法表现。幼儿在语言学习时，似乎是在掌握一种语言工具，可意义远非如此幼儿学习语言的过程，是使自己成为人的过程，是确立自己的真实存在的过程。正因为语言是一种存在系统，所以海德格尔指出，在通向语言的路上就是要"亲身"去"体验"，

人只有在体验中，在直观中才能掌握语言。据此，幼儿园教学活动中的语言交往过程，不是符号与知识的传授过程，而是教师与幼儿共同"体验"与"感应"的过程，是尊重教师与幼儿创造性的多元理解与解读的过程。

三、学前教师教学语言具有师幼交往活动中用于沟通的本色美

结构主义语言学家把语言看作是一个由语音和意义之间的关系构成的表达观念的符号系统，是普遍性、共同性的，具有内在稳定的结构与特征。对于"物的客体"来说，语言符号是客体内容的代码、代表和指示物，从而使符号脱离了实物，而作为"实物"的指标，具有一定的稳定性和抽象性。因此，只要说出了代表这一事物的语言，便是可以被人理解的。而语言的这种抽象性是与人的思想思维紧密相连的。马克思曾从语言和意识、思想的关系角度论述过语言的本质，他说，"语言是思想的直接实现。""语言和意识具有同样长久的历史语言是一种实践，既为别人存在并仅仅也为自己存在的、现实的意识。语言也和意识一样，只是由于需要，由于和他人交往的迫切需要才产生的。"罗素认为，语言是思想的表达形式，人类思想的这种可表达性和可交流性决定了语言的表达、交流与理解的可能性。

对于主体，语言符号表达着一定的意义，，但语言符号的意义只有在人们"通常的交往行为中通过相互作用才成为明白的'，，因此，可以说教育中的师幼交往作为一种语言符号的交往，作为师幼独特思想的交往，是主体间对语言符号所传达意义的交流和分享，然后在相互理解的基础上协调行为，影响和改变主体间的交往关系，实现彼此的心理体验和情感沟通。从这个意义上讲，学前教师的教学语言是可交流的，一并且可以通过对语言符号所传达的意义的交流与分享而又可以相互理解的。

在狄尔泰看来，语言有这样一种特性它既能保持个人的独特性，又能使个人与他人取得共识，取得相互认同。即语言具有使个人的东西成为可以传达给别人从而达到相互理解的结构。伽达默尔认为，"人是具有语言的存在"语言在人的本性中具有优先权。教育作为人与人之间的一种精神交往，必然表现出语言的交往。语言的交互性使语言超越了个体的狭隘经验，而走向普遍性。也正是在这个层次上，我们可以说语言是理解的普遍媒介。海德格尔认为，人存在着并总是理解着。没有理解也就没有人的存在，所以他说"理解是人的存在

方式"。再看其"语言是存在的家",如此看来,理解亦是语言的存在方式。

从某种程度上说,语言的可交流性与相互理解性是社会群体行为趋同性的自然表现,它植根于语言本体,服从于社会交际的需要。离开了这种特性,一切语言都将变的毫无意义,无法理解。所以,学前教师的教学语言作为一种特殊的语言现象和特殊的约定俗成的符号系统,其基本特征之一即可交流性和相互理解性,教师语言的表达从本质上来说是介于教师和幼儿双主体间的一种特殊的交往活动,在

这种交往活动中达到新、旧视域的融合,并通过这种融合,师幼之间的意见得到交流和沟通。鉴于此,维特根斯坦主张消解"私人语言",因为"私人语言"是只有说话者本人才知道的东西,是无法用于交际的。

四、学前教师教学语言具有开放性与生成性的本色美

学前教师的教学语言作为一种言语行为,从本质上说是一种对话过程,不是传递所绝对知道的而是探索所不知道的知识而且通过探索,师幼共同"清扫"疆界从而既转变疆界也转变自己。因此,它亦不再是封闭的、简单的、确定的和死气沉沉的,而是开放的、隐喻的、复杂的、生成的、富有生气的。正如艾斯尔所言,"作为一种不确定成分促使说话者与倾听者交流",然后激发听者"参与"到真正的对话之中。结构主义学家认为,我们在考察事物及其结构时,常取定了某种视角,在不同的视角下看到的结构是不同的,不同的人可能取不同的视角,同一人在不同的场合不同场合或地点对同一事物可能取不同的视角。所以,学前教师的教学语言旨在根据教学内容与幼儿的实际,从不同侧面给予幼儿质疑的方向,引导幼儿充分假设,大胆猜想,从自己的视角出发,怎样理解就怎样说,给幼儿创建一个开放的课堂和个性张扬的空间。

《幼儿园教育指导纲要》指出"语言能力是在运用的过程中发展起来的,发展幼儿语言的关键是创设一个能使他们想说、敢说、喜欢说、有机会说,并能得到积极应答的环境。"正如张楚廷教授所说,真正的教师的教学语言"不在于让学生去描摹,而在于让学生另生创意,而在于培养出意想不到的学生","让学生自

己成为他自己"。①而后面的这个自己已经不是前面的那个自己,它是比前面那个自己更大的、更具超越性的自己。诱使幼儿参与到真正的对话中来,

鼓励幼儿与教师从不同的视角共同探究，通过与教师教学语言这一特殊文本的对话探讨各种可能性的多元的、隐喻的、开放的、二者之间的冲突和矛盾，激发了学习者的学习需求，才有新知识、新经验、新思想的产生，这里的"前见"和"前理解"指的就是学习者的原有经验。鉴于此，学前教师的教学语言作为师幼间有效交流的工具，符合一定的逻辑语法，符合语言内部的使用规则，符合幼儿的知识经验，确保自身的逻辑性、科学性是语言作为文字符号传达其意义的基本特质。据此，我们认为，科学性是学前教师教学语言的基础，要求教师能清晰正确地向幼儿传授符合其已有知识经验的新知识。然而，教师富含逻辑性、科学性的教学语言能否能够真正被幼儿欣然接受，则还需要教师的教学语言从幼儿出发，对幼儿个体进行关注的"人文性""艺术性"。

人文主义哲学家认为，分析哲学单纯地强调语言的逻辑性、科学性，把语言的哲学思考仅仅诉诸于语言的确定性、表达的明晰性和意义的可证实性，而较少地关注到作为主体的"人"，因此，要求语言需要在逻辑性、科学性的基础上予以提升，兼具"人文主义"的理解，即从听者出发，体现一定的人文性、艺术性特点考察语意的多义性、表述的隐喻性和可增生性，从而把语言理解为人的存在方式。鉴于此，学前教师的教学语言就需要从作为倾听者与学习者的幼儿出发，更多地关注幼儿，即体现一定的逻辑性、科学性，又体现一定的人文性、艺术性。张楚廷教授认为，人首先是由艺术而成为人的，艺术不仅出自心灵，而且，它本身就是美好的心灵，如果教学不能到达教师的心灵并通向学生的心灵，那恐怕就没有艺术可言。狄尔泰认为，语言具有指向未说出的东西的特点和功能。伽达默尔说"说出的都在自身中带有未说出的成分"，语词的有限性与语言整体是紧密相连、相融相通的，人讲话时所处的"生动现实性"就表明人所讲出的有限话语且不断生成的语言，是学前教师教学语言的重要特征。

五、学前教师教学语言具有科学性与艺术性兼具的本色美

至少从苏格拉底时代起，重视语言意义的清楚明白精确就成为哲学的重要特点。在分析哲学家看来，"全部哲学就是语言的批判"，哲学的唯一任务就是对科学的语言进行逻辑分析，澄清、阐明它们的意义，以避免因为语言的模糊不清而产生歧义。日常分析语言学派认为，日常语言是人们分析和表达思想的最基本的语言，它本身并不存在什么缺陷，旧的形而上学哲学的许多无意义的命题均是来自于对语言的误用，一而并不是语言本身存在什么问题。因此，维特根斯坦认为，语言的意义和语言的外部无关，它全由语言内部的使用规则所决定。要使说话有意义，使人听得懂，必须具备几个条件一是符合逻辑语法，不符合逻辑语法就没有意义，

围以内的事情，即表述经验事实，人们听不懂。二是必须表述经验范这是逻辑实证主义的一个重要原则。

因为经验范围之内的是可说的，说了有意义，人们听得懂经验范围之外的是不可说的，说了没有意义，人们听不懂。美国著名教育心理学家奥苏贝尔在他的作品中有过这样一段经典表述"假如让我把全部教育心理学仅仅归纳为一条原理的话，那么我将一言以蔽之影响学习的唯一最重要的因素就是学生已经知道了什么，要探明这一点，并应据此进行教学。"解释学也强调"前见"和"前理解"对学习者自主学习的影响，学习者总是受到他本钾`前见"的影响和制约·因为学习者的自主学习是建立在自身已有经验与新信息基础之上的，使附属于其上的意义整体，在"发生作用"。所以，语言自身便是一个"隐蔽"的意义整体，具有一定的"诗性"艺术性，这种诗性包含了语言表达的言约旨远、象征性、隐喻性、启发性、画意性和音乐性等，是一种内涵丰富、意境优美、能给人以深刻体验、同时又能触发想象、玩味的直通人们心灵的语言。鉴于此，我们认为，科学性是学前教师教学语言的基础，教师首先要能清晰正确地向幼儿传授知识，才能再领略其他，艺术性则是学前教师教学语言的提高，是教师个性化教学风格形成的主要标志，学前教师的教学语言需是科学性与艺术性兼具的语言。科学性的功能重在提供信息，艺术性的功能则重在关注人文，学前教师的教学语言不仅在于提供信息、传授知识，`更多地在于展示人文关怀，它能使我们对深奥的理念产生亲切感，使原本冷冰冰的要求具有人情味并更易于被幼儿所接受。

综上所述，我们认为，学前教师教学语言应该是对话与独白、开放与生成、科学与艺术共生、共存的语言，是可以实现师幼间有效交流的体验式的多元解读的语言，可以说，只有具备了上述这些特征的教学语言才是我们学前教师教育教学实践活动中真正规范的教学语言。

第二节　学前教师教学语言具有情感美

马卡连柯说过："同样的教学方法，因为语言不同就可以相差二十倍。"教学语言艺术的重要性，由此可见一斑。学前教师教学语言是指学前教师在教学活动中使用的语言，它是教师与幼儿沟通的桥梁，是幼儿通往知识天堂的阶梯。学前教师的教学语言对幼儿知识的获得、思维的开拓、情感的发展、行为习惯的养成以及幼儿的社会性发展都会产生深远影响。可以说，提高学前教师教学语言的艺术性是提高幼儿学习成效的关键，因此，研究学前教师教学语言的艺术特征具有重要意义。

一、学前教师教学语言的可理解性情感美

教师语言的可理解性是指学前教师的语言能够被幼儿理解，只有教师的语言被幼儿所理解，幼儿才能够接受和掌握知识，达到理想的教学效果。受身心发展水平的制约，幼儿的理解能力具有一定的局限性，如果教师以成人的水平向幼儿发难，必然会使教学效果适得其反。在幼儿园教学中，教师必须注意幼儿的身心发展水平。教师应根据维果茨基的最近发展期的原理，在幼儿可接受的范围内，巧妙地运用语言帮助幼儿习得知识。学前教师语言的可理解性表现在"精简""有序""鲜活""适中"四个方面。

（一）精简

精简是指教师的教学语言要精短。对于3—6岁的幼儿来说，他们有意注意的时间只有9—15分钟。这要求教师要遵循幼儿身心发展规律，合理地安排教学时间。教师讲话要提纲挈领、简明扼要，做到少说"空话"，突出重点、难点，少重复啰唆。比如，一名教师在向幼儿介绍西红柿的另一名称时说："小朋友看看这是什么？""对，是西红柿。西红柿还有一个名字叫番茄，就像我们班的李佳又叫佳佳一样，西红柿也有两个名字。"如此，没有长篇大论，也没有重复啰唆，仅仅用了一个巧妙的比喻，该教师就让幼儿认识了西红柿的另一个名字，在短时间内，运用精简的语言有效解决问题。

（二）有序

有序即是讲话要条理清晰，由浅入深，层次分明。这要求学前教师的语言要符合幼儿的认知发展水平，教师语言要以幼儿已有经验为依据，要有利于幼

儿新旧经验的迁移与重组经验的获得与拓展。因此，教师教学要以最近发展区理论为依据，从幼儿现有的逻辑思维发展水平出发，不断促进幼儿的语言发展达到新的水平。课堂所讲内容主要靠口语来传达，而口语声过即逝，具有"一次过"的特点，幼儿只有听清楚了才有可能理解。为此，教师应从儿童的身心发展规律和认知水平出发，依据思维发展水平，合理组织教学语言，做到讲述有条理，深入浅出，使幼儿既知其然，又知其所以然。

（三）鲜活

鲜活，即在教学活动中，教师语言要直观、具体、生动、形象。鲜活的语言比较贴近幼儿心理，更具趣味性，能拨动孩子的心弦，激发他们的学习兴趣，使幼儿在愉快的学习氛围中，理解词语、概念，感知新事物。一名教师在教学中使用了这样的语言："蔚蓝的天没有一丝白云，一条溪水从卵石中间流过，卵石清晰可见，溪边坐着一位长者，面庞清癯，双目炯炯有神……"这是一个辞藻华丽，语言优美的句子，但对幼儿来说，这些生僻的词汇，他们无法理解。教师不如将句子简化，"啊，这天可真蓝啊，一点儿云彩也没有。有一条小河哗哗流着，水可清可亮啦，里边有好些石头，看得清清楚楚。河边坐着一位老爷爷，虽然长得有一点儿瘦，可是两只眼睛可有精神啦。"这样的表述更容易为幼儿所接受。简单的词汇，换了一种语气，原来的句子不仅更具有生活气息，更加生动活泼，而且富有美感和画面感。天空、云彩、老爷爷的形象仿佛就在眼前，这样幼儿更容易理解，必然能达到理想的教学效果。

（四）适中

适中是指教师的语速快慢要适当。教师语速的快慢直接影响着幼儿对语义的理解程度。由于成年人的言语比较复杂，有时候幼儿仅仅只能够感知词的声音，并不能理解语义。如果教师语速过快，幼儿只能听到并记忆教师所述的部分内容，就会在整句话、整段话的理解与记忆上出现困难。当幼儿无法理解语义，听起来吃力时，幼儿的自信心将会受挫，便会产生消极厌学情绪。如，小班数学活动"学习手口一致地点数四以内的数"，如果老师快速地边点边数"一二三四"，让幼儿跟着学，则幼儿很有可能变成唱数，无法达到"手口一致点数"的教学目的。反之，如果教师说话语速过慢，缺少了新异刺激，就无法营造出活泼有趣的活动氛围，幼儿无法感受到言语中的情感，使得整个活动平淡、无趣。这同样无法调动幼儿学习的积极性，甚至禁锢幼儿的思维，影响幼儿天真烂漫性格的形成。因此，学前教师在教学活动中一定要控制好语速的快慢，营造出生动活泼的氛围，使幼儿保持积极活跃的状态，在轻松愉悦的活动氛围中获取知识。

二、学前教师教学语言的情感性情感美

近些年，"虐童事件"不断曝光，一些幼儿园师幼关系极度紧张，造成这种紧张关系的主要原因就是师幼间缺少了情感的支撑，尽管许多教师坚信师幼关系质量对幼儿的学习有重要影响。但在实际工作中，教师言语以讲授言语、维序言语为主，评价言语次之，情感言语最少。很多时候，她们希望运用指令性的语言，让幼儿能遵循教师理想的进程活动。然而这些"指令"抹杀了幼儿的天性，对幼儿的心理发展影响极深，因此，在幼儿园教学实践活动中有必要加强学前教师语言的情感性，增进师幼间的情感交流，呵护幼儿的心灵。

（一）教师对幼儿的情感

教师对幼儿的情感，也即教师对幼儿的热爱、认同、鼓励和夸奖。幼儿是一个真实的、有情感的"完整"存在，幼儿带着自己的情绪对待事物。教师的每一句话都能够传达自己对幼儿的情感，哪怕是教师的一句问候、一声称赞，都能对幼儿的心理带来影响。在教学活动中，对胆小、害怕发言的幼儿，教师可以说："××，老师和小朋友们都特别想知道你是怎样想的。老师知道你是一个勇敢的小朋友，你可以告诉大家你的答案是什么吗？"对于一些能力弱、跟不上进度的幼儿，教师要进行鼓励性引导："××的第一步已经做好了，真了不起！老师再来演示一遍下一个步骤，请小朋友认真观察……"对于幼儿所获得成功，教师要及时给予肯定，以进一步增强幼儿独立自主解决问题的积极性，提高幼儿的自我成就感。比如，在美术活动中，教师可以对完成作品的小朋友给予肯定和表扬："小朋友画的房子这么漂亮，老师都想住进去了。"这样富有情感的语言能够激发幼儿的学习兴趣和探索欲求，促使其更乐于模仿、学习和探索。对幼儿来说，教师对幼儿的热爱、认同、支持、鼓励和奖励，就是一种力量，能够打消幼儿的失落感，帮助他们建立自信心，产生积极的行为，更好地发挥他们的主体作用。

（二）教学语言情境的情感性

教学语言情境的情感性是指教师在教学活动中要将情感注入其中，并贯穿始终，从整体上为教学活动奠定一个良好的情感基调，创设富有情感的心理环境。富有情感的心理环境能给幼儿营造一种良好的直观感受，使他们能置身于一种模拟的情境中，从而引起情感上的共鸣。幼儿有了情感体验，才有话可说、有话想说、有话敢说。这要求教师在教学活动中要善于利用视频、音频、图片等多种手段，依据活动内容，巧妙地运用语言进行铺垫、描绘，巧设悬念，创设出富有情感的情境，启迪智慧。比如在舞蹈（或音乐）活动中以小故事导入，借助道具来再现每一个舞蹈动作的来源、意义、要领，利用小故事创设富有情感的表演情境，巧妙地借助故事情境将舞蹈动作串联起来，以达到使幼儿的理解与记忆的目的。

三、学前教师语言的启发性情感美

在课堂教学中，平庸的教师只是叙述，好的教师是讲解，优异的教师是示范，伟大的教师则是启发。由于幼儿有意学习动机并不强，自制力差，思维发展水平不高，所以幼儿的感知会被事物的假象所迷惑，这时就离不开教师的启发和引导。学前教师语言具有启发性，对幼儿的身心发展起着至关重要的作用。

（一）尊重幼儿，鼓励幼儿说出自己的想法

在教学活动中，若是教师的言说总是以自己的视角来理解幼儿的世界，而极少设身处地去倾听幼儿独特的儿童世界，就会使课堂成为教师的"殖民世界"。幼儿在回答问题时，满脑子便会琢磨教师想要的答案，其个人的思维就会被禁锢，想象空间越来越小，课堂氛围也因此死气沉沉、单调呆板。因此，教师的教学不能拘泥于教材，要尊重幼儿，鼓励幼儿积极发言，说出自己的想法。比如，在认识数字"7"的教学活动中，教师可以先出示数字，即"今天老师请了一位数字宝宝来我们班做客"，而并不告诉幼儿这个数字是几，而是引导幼儿主动说出自己的想法，即"小朋友们看看它长得像什么呀？"孩子们的想象力极为丰富，有的小朋友会说："像镰刀。"老师可以据此做进一步的引导，"××小朋友说像镰刀，那我们就可以用它来割青草啦！"有的小朋友会说："像拐棍。"老师就可以说："那我们就可以把它送给圣诞老人做拐杖了。"对于孩子们的表述，教师可以不去做肯定或否定性的评价，而是设法去"解读"孩子们的表达，并试图引起其他孩子的进一步表达。最后，教师再做出总结："这个看起来像镰刀、像拐棍、像……的数字宝宝，就是我们今天要学习的数字'7'"。教师不强迫孩子们接受自己的观点，在很多时候，倒是教师对孩子们的观点表示欣赏和赞同。教师只是设置问题情境，激发幼儿的好奇心，将问题"抛"给幼儿，鼓励幼儿积极发言，引导幼儿探索与发现，真正做到了尊重幼儿的想法。

（二）帮助幼儿，引导幼儿找对思考方向

在教学活动中，教师必须弄清楚自己的教学目的是什么，如何使活动的每一部分内容环环相扣，教师要提问哪些问题，这些问题以怎样的顺序出现，幼儿会对这些问题做出怎样的反应，教师该如何应对。因此，教师所说的每一句话，每一个问题，都要精心设计，这样才能灵活应对活动中出现的各种状况，对幼儿的回答给予及时的反馈、适时的补充，有效引导幼儿进行思考，才能保证整个活动的顺利开展。在一次主题为《摸一摸》的健康教育活动中，教师想引导幼儿回忆手的作用，以此吸引幼儿的注意力和兴趣，进而引导幼儿感受用手摸的感觉，指导幼儿通过摸来认识事物。于是教师展开发问："小朋友都知道了手的作用很大，那我问，你们的手能不能摸尖尖的东西呀？"接下来，教师从幼儿的切身体验出发，引导幼儿说出哪些东西是不能摸的，并引导幼儿找到不能摸的缘由——扎扎的感觉，是因为尖物把手扎疼了。接下来引导幼儿通过摸一摸，感受身边的事物，如通过摸衣服——软软的、摸桌子——硬硬的来体会"摸"的不同感觉，了解"摸"的含义，进而学习"摸一摸"这个词语。在教学活动中，教师的每一个问题都进行了预先的设计，每一个环节层层递进，教学内容环环相扣，对于幼儿

的回答，教师能够灵活地应对，并及时地反馈、适时有效地进行补充，有效引导幼儿进行思考，保证了活动的顺利开展。

四、学前教师语言的针对性情感美

学前教师语言的针对性，既包括因材施教，又包括因地适时施教。幼儿本身是特殊的受教育群体，但是这个群体内部成员之间又有很大的差异，这使得教师与幼儿的交流、幼儿之间的自由交谈都具有特殊的意义，这便要求教师做到因材施教。又因为环境对幼儿发展有着深远影响，在不同的时空领域下，教师还应当针对当前场景适时调整语言，做到因地适时施教。二者相统一，使得

幼儿在教师引领之下以最有效的方式掌握知识，提高各方面的能力。

（一）因材施教

教师要依据幼儿的身心发展特点，因材施教，让每一个幼儿都融入活动之中。不同的孩子在年龄、性格、智力水平等方面存在差异，学前教师应针对每个孩子的不同特点，对其进行悉心教导，教师要善于发现每个幼儿的特色，善于调动每个幼儿的积极性。对于不同年龄段的幼儿，教师应采用不同的方式进行交谈。对于刚入园的幼儿，要尽量采用拟人化的语言，以此来吸引他们的注意力，使他们感知幼儿园是一个有趣的地方；稍微大一点的孩子，已经初步具备自己特有的思考方式，教师要尽量采用朋友式的交流，让他们把老师当成最好的朋友，以此来深入了解孩子们内心深处的真实想法。对于不同性格的幼儿，教师要采用不同的语调。如果幼儿的性格内向，教师就应该用亲切、关怀的语气，消除孩子紧张的情绪；对于调皮、多问的幼儿，教师要有耐心，对于幼儿的提问要认真对待，以满足孩子的求知欲。对于智力水平不同的幼儿，教师语言也要因人而异。对反应较慢的孩子，教师要多鼓励，讲话要适度放慢语速，必要时加以重复，以保证其对知识的理解、消化和吸收；对于才思敏捷的幼儿，教师则要适度提高语速，提高难度，避免重复引起幼儿反感，对学习失去兴趣。

（二）适时施教

除了做到因材施教，教师还应该做到针对不同的情境，适时调整教学内容，进行适时施教。要做到批评、表扬要具体，对事不对人。有这样一个教学案例，一个叫佳佳的小女孩双手捧着一大束野花，送给老师："李老师，李老师，这花好看吗？送给您的。"老师笑着对幼儿说："呀，你这是在哪采的啊？真漂亮！谢谢佳佳。"佳佳说："玉米地旁边采的。"李老师表情凝重："嗯？佳佳，如果你很长时间没有见到爸爸妈妈，会不会难过啊？"佳佳点点头："嗯！"老师接着问："你为什么会难过啊？"幼儿说："因为我会想爸爸妈妈。"老师紧接着补充："那佳佳你想一下，你把这些小花、小草采下来，它们就永远离开了爸爸妈妈，这样他们会不会难过啊？"幼儿点点头："嗯，它们也会想念爸爸妈妈的，对吗？老师。"老师很欣慰："对啊，它们会像佳佳一样难过，因为它们也想待在爸爸妈妈身边。你知道吗？农民伯伯给玉米喷农药时，也可能会把野花野草喷上了农药，我们摸了这些野花，有可能会生病。所以佳佳以后不要采花了好吗？"佳佳像个小大人似的点点头。老师与这幼儿的对话虽然结束了，但是教育活动仍在继续。该教师将今天的第一节课改为了生活教育课，教师以"采花送师事件"导入，适时跟幼儿讲道理，告诉幼儿为什么不能随意采摘路边的野花野菜，有效地进行了安全教育，并有效地阻止了幼儿接触可能被撒上农药的植物。与此同时，引导幼儿热爱生命，保护野花野草，为幼儿良好人格的形成奠定了基础。在整个教育过程中，教师针对当前的情境，调整教学内容，适时施教。表扬具有针对性，批评对事不对人，幼儿送花给老师，教师收下了花，对幼儿的爱心给予肯定并表示感谢。但是采花这件事是不对的，"小花、小草离开爸爸妈妈也会伤心"，以此教育幼儿不能随意采摘野花野草。当然这样做的最重要目的是要让幼儿明白：野花野草有可能被农民伯伯喷洒农药了，采摘花草可能会中毒。整个教学过程可谓是晓之以理，动之以情。

可以说，学前教师是否能对语言有正确的把握和运用，决定着课堂教学活动的成败。要成为一名出色的学前教师，他（她）必须首先做出正确的角色定位，树立正确的儿童观。在教学语言的使用上，应遵循幼儿身心发展的特点和规律，并充分发挥语言的魅力，让幼儿在富有魅力的语言环境中健康快乐地成长。

第三节　学前教师教学语言具有理性美

《幼儿园教育指导纲要》中指出"幼儿园教育作为基础教育的重要组成部分，是我国学校教育和终身教育的奠基阶段，并直接影响到幼儿将来一生的发展。"面对如此重要的人生阶段，如何激发幼儿学习的积极性、主动性，如何促进教育教学活动的深入，如何提高教育教学活动的质量，如何最大限度地促进幼儿全面、和谐、系统、有序地发展等等，都需要教师充分发挥在教学活动中的主导作用，精心

选择和组织具有一定特点和规范的教学语言，厂确保幼儿园教学活动的有效开展。学前教师教学语言作为师幼交际的产物，应适应幼儿生理、心理特点，对幼儿的发展具有潜移默化的影响作用。

一、学前教师教学语言的理性现实特征

作为教学的一种客体化的形式，语言在其过程中显得至关重要。可以说幼

儿园教学活动的展开过程就是学前教师教学语言的使用过程，它不仅仅是幼儿园教育教学过程一中教师和幼儿使用的媒介和伴随物，而是教师教和幼儿学的"决定性因子"。它不仅牵涉到整个活动的教学效果，而且给幼儿语言能力的发展带来巨大影响，是幼儿学习语言的范本之一。极为重视教学语言的选择和组织活动开展前，无论是新手型还是专家型教师，都会对活动中需要的教学语言进行事先设计实施过程中，教师也会不断调整和变化着自己的教学语言，以更好地处理各种突发状况，确保教学活动的顺利进行活动结束后，教师亦会对所开展的教学活动进行反思，尤其是对教学语言进行反息。鉴于此，在目前的幼儿园教学活动中，教师的教学语言素养得到一定程度的提升，并且表现出许多不同于一般教学语言的令人欣慰的规范化特征。

（一）学前教师教学语言表现出儿童化的特点

学龄前阶段的幼儿，其各种心理过程带有明显的具体形象性。他们由于知识经验贫乏，第二信号系统不够完善，主要是凭借直观形象或表象来思维，来认识外界事物。幼儿的词汇库里，多是一些表示直观形象的词语，极少有表示抽象意义的词，而且他们对词义的理解能力也十分有限。因此，教师开展教学活动时，更多地选用幼儿熟知的物体作出儿童化的、生动形象的描述，使幼儿通过对具体物象的熟知

和把握达到对教师教学语言的理解。教学语言儿童化，既是学前教师教学语言能力的基本要求，又是教学语言科学性和艺术性的本质要求，其在语音、语汇、语法、语用上具有语汇浅显、形象化语词多、句子短小简练、语法结构简单、语气词多、语调舒缓悦耳亲切、语气略带夸张等特点，易被幼儿接受。苏联教育家马卡连柯曾经强调指出"要使未来教师养成善于同儿童说话的能力。"学前教师的教学语言，是成人与儿童之间语言交际的特殊形式，它不仅能承载知识内容，还会对幼儿的语言学习发生作用，并首当其冲地成为幼儿模仿学习的对象。根据苏联心理学家维果斯基的"最近发展区理论"，儿童化的教学语言是既能适合如。蘸和褛受，'文能积极促进幼。语言发展的教学用语，具有幼稚化和成长化两大特征，有助于保证科学知识传授的顺利进行，同时，还有利于营造和谐的活动氛围，促进师幼间良好而有效的交流，发展幼儿语言、启发幼儿心智、彰显幼儿主体性。

幼儿学习和掌握语音、词汇、句子，都需要一个过程，从无到有从不理解到部分理解再到完全理解，积少成多，逐步形成、逐步完善。幼儿掌握的词汇比较少，语法形式较为简单，对语言的掌握、词义的理解、语法的运用还很不成熟，常常出现理解错误、表达错误的情况，这是幼儿语言发展过程中的年龄特点。教师讲授的目的在于让幼儿感知和理解，因此，教师要针对幼儿年龄发展的特点，避免因故作高深地运用晦涩难懂的教学语言而影响教学效果。

（二）学前教师教学语言体现出教育性的特点

幼儿园的教学活动是一项既传授知识又进行育人活动的教育，学前教师在任何情况下都应将教书与育人结合起来。因此学前教师的教学语言应该既富于知识科学性和艺术性，同时又具有教育性。正如苏霍姆林斯基所说"智育是包括获得知识和形成世界观两个部分，只有在知识转变并发展为信念的时候才谈得上教育。"学前教师教学语言的教育性不仅表现在可以帮助幼儿学习知识、发展能力，开拓思维、启迪心智等各种智力因素上，还表现在可以启发、引导、教育幼儿养成良好的思想品德、行为习惯与和谐人格等各种非智力因素上。学前教师在对幼儿进行知识传授的同时，也在对幼儿进行着良好的思想品德、行为习惯与和谐的人格特征的培养，这是教师教学语言职业性或角色性的要求。学前教师富有启发教育性的教学语言是丫种隐喻的、并且可以被幼儿所体验的语言，并作为教学的最基本的规律，贯穿于幼儿园教学活动的全过程。

教学语言的教育性并不意味着教师像宣讲思想教育报告一样做"独白"式的讲话，往往是寓启发、教育于知识传授的活动之中，它是溶于传授科学知识的水中的糖，而不是浮在水面上的油。因为语言自身是带有隐喻性和象征性的，言约而旨远。教学语言的这种特点在狄尔泰那里被讲作"诗性"，在伽达默尔那里被称为"思辨性"，即语言都有从说出的东西中暗示未说出的东西的特点。所谓"言有尽而意无穷"指的就是这个意思。我们所说的言外之意，并不是指抽象的概念或道理，而是指具体的意境，其中也包括"词外之情"。教师富有象征性、隐喻性、言约而旨远的教学语言是艺术性语言的的一大特点，可以留给幼儿比美术更为广阔的思考、体验和想象的空间，符合幼儿由于受神经系统的机能尚未发育成熟与个体的社会生活经验与阅历有限的影响而特有的爱思考、爱幻想、情绪情感易受感染的年龄特点。在幼儿的思考、体验与想象中，教师蕴藏于教学语言之中的教育目的和意图就会从语言外壳中走出来，走进幼儿的心灵，给幼儿以真的启迪、善的熏陶、美的享受，实现心灵的碰撞沟通和情感的交融共鸣。

学前教师教学语言具有开放生成性的特点

教学不是一个封闭系统，而应该是开放的、动态的、具有创造性的交流与对话的过程，是师幼之间思件智慧交流与发展的过程，充满着诸多的偶然性与复杂性，必须有听者的相互参与与创造才能放出奇光异彩。布鲁姆说过"人们无法料到教学所产生成果的全部范围，没有预料不到的成果，教学就不成为一种艺术了。"也就是说，我们的教学存在意外，而且可能因为意外而成为一门艺术。幼儿的心灵也是一个开放的系统，他们在聆听教师教学语言的同时，不是对语言原意的一种客观复制，而是作为理解者富有创造性的理解与解读。据此，教师需要用教学机智调控活动的进行，灵活使用教学语言，不断地去捕捉活动中的意外和随时创生的有效信息，从而挖掘知识内容的新见解，新思维。教师开放性的教学语言，可根据活动内容与幼儿的实际，巧妙地创设学习情境，鼓励幼儿积极参与，自主学习，并从不同侧面给予幼儿质疑的方向，拓宽幼儿思维的空间，通过一些开放性的问题引导幼儿充分假设、大胆猜想，从不同的视角出发，对活动中出现的问题作多元的、多角度的思考与表现，最大限度地促进幼儿思维能力、学习能力和创造能力的发展与个性的张扬，增强师幼互动，实现教师教学语言独白与对话的共融。离开了教师开放性教学语言的提问与引导，一切都将无从实现。

教师开放性的教学语言作为探索真理和自我认识的基本途径，是真理的敞亮和思想本身的实现，是对话双方从各自的经验出发所达成的一种视界融合，真正关注了师幼之间、幼幼之间思维交锋产生的火花与智慧启迪的充盈，关注了幼儿对问题的不同体验与交融，关注了幼儿生命的成长与活力的绽放，给幼儿创建了一个开放的、自由表达的环境和个性张扬的空间，实现着每一个幼儿在各自"最近发展区"内的有效发展，成为教学活动真正走向丰富和生动的契机。教师教学语言的开放性及多元理解性价值也在这个开放的、复杂的、多元的、变化的、生成的、难以预测的过程中得以实现。

二、学前教师教学语言中存在的理性问题审视

在目前的幼儿园教学活动中，教师教学语言水平得到一定程度的提升，并且表现出上述诸多不同于一般语言的令人欣慰的规范化特征。但是，在学前教师教学语言有效表现的背后，仍然存在一些不尽人意的现象。所以，我们的研究不能仅停留在"喜"的层面，而应更多地去关注教师教学语言在教学实践中存在的问题，以期提高学前教师的教学语言素养，并为更加有效的幼儿园教学活动服务。

（一）学前教师教学语言的控制性痕迹仍然比较明显

幼儿园的教学不是一个封闭的系统，而应该是开放的、动态的、具有创造性的交流与对话的过程，是师幼之间思想、智慧与精神交流和发展的过程。教师的教学语言作为师幼间思想、精神的"交往与对话"，也应该是教师鼓励、引导幼儿自由地表达他们的所知、所想，表达他们的疑问、好奇、感觉、想象，并在表达的过程中理解和把握幼儿的内心世界，与幼儿展开的心与心的交流，情与情的相融，是师幼彼此基于不同'的"前见"而从不同视角对同一问题或不同问题作出的独到的、多元化的理解与表现，是一种具有开放性和生成性的语言。

然而，在师幼间交往与对话的背后，教师的教学语言却表现出明显的教师主导与规范控制的特征，教师通过富有"引导性"的教学语言指引、控制着幼儿思维与行为的方向。这种看似热热闹闹的"对话"与"互动"，从本质上看仅仅是一种形式化的而无实质内容的迷惑人眼的假象，教师教学语言的引导更多地在于秩序的保持和目标的达成。变化多端的对幼儿的表扬、鼓励成了控制幼儿的一种手段，幼儿的兴趣、爱好、情感、需求也较少受到关注，违背了教学语言真正的对话性、开放性及不确定性。

如果师幼间的对话俨然变成了一个人的演说，则具有了更多的与教学语言自身的对话性、开放性和不确定性不相符的独白性、封闭性和确定性，幼儿像一串被栓在绳子上的蚂蚱，在教师教学语言的控制下简单地作着机械而统一的回应，开始较少地用自己的方式去发现问题、思考问题，并且慢慢地学会了等待，等待教师确定答案的提示或告知。幼儿的兴趣爱好、幼儿的情感需求、幼儿的创造性思维、幼儿对教师教学语言这一特殊"文本"的独特理解与体验、幼儿

的自主性、能动性等等，随之也在这个关闭了门窗，没有新鲜阳光和空气的教师教学语言铸就的封闭性牢笼中渐渐退化了。幼儿独特的理解与体验不能表达，无法实现对教师语言符号所传达意义的交流与分享。幼儿的个性、独立性也慢慢地在这个封闭的、简单的、充满太多确定性的环境中消失殆尽，成为教师权威的"忠实"的服从者。

（二）学前教师教学语言的有效性欠缺

学前教师的教学语言作为教师最主要的教学手段，应该是饱含科学性的、清楚的、明白的、精确的语言。同时又是能够充分启发幼儿思维，促进幼儿发展的语言。教学语言的有效性水平制约着教学的效果和效率，影响着幼儿多方面的能力发展。然而，受学前教师自身语言素养的限制，仍存在着许多有效性不足甚至是无效、消极的教学语言教师模糊混乱、肤浅而缺乏启发性的教学语言阻碍了幼儿对教师教学言语行为的理解教师为完成一定的教学目标和教学任务而"精心"设计的水平不高、随意性较大、带有主观性和片面性的教学语言严重束缚了幼儿思考问题、解决问题的能力，妨碍了幼儿思维与创造能力的发展……教师的教学语言失去了其应有的特征与价值，其有效性遭遇挑战。

首先，讲授性教学语言的模糊与混乱，造成了语言意义的模糊与晦涩，缺乏一定的逻辑性、科学性，教师教学语言的有效性遭遇挑战。语言作为思想的表现形式，难以实现师幼间的相互理解与交流。例如，教师给幼儿讲解什么是湖泊时，运用的模糊混乱、不合逻辑的无效的教学语言"湖泊就是很大的湖，就像湖南的洞庭湖一样，我们湖南人都是洞庭湖养出来的，就连我们喝的湘江水也是要流到洞庭湖里面去的……"，没有抓住问题的本质，令幼儿对什么是"湖泊"始终是一脸的茫然，以致教师再问幼儿还知道什么其它的湖时，幼儿则又冒出了"茶壶"这个风马牛不相及的完全超乎教师预料的答案以示其对湖泊这一概念的不解。教师非但没意识到问题因自身而起，反而认为是"无知"的幼儿在故意捣乱"谁说茶壶了你再说茶壶，我就把你变成一个茶壶"有研究认为，当教师本身缺乏对相关知识的掌握，或者是逻辑性思维水平能力不足，缺乏有效的口头表达能力，同又要维护自己的教师权威时，就使用模糊混乱等无效的教学语言语言，这种模糊和混乱的无效教学语言妨碍了作为解读者的幼儿对教师教学语言的正确解读，妨碍了幼儿认知的发展和师幼间有效的理解和交流，不利于师幼间良好关系的建立。

其次，提问性教学语言水平较低，随意性较大，亦缺乏一定的科学性，不能引导幼儿思维的发展，导致教学语言的低效或无效。教师的提问"你们知道这是什么吗"、"那你们知道我们国家的地图像什么吗""这个地方像公鸡的什么"等均是考察幼儿识记能力的关于"是什么"的陈述性知识的问题，而关于"为什么""怎么做"的需要幼儿去思考的程序性知识的问题较少涉及，严重限制了幼儿思维活动的空间，剥夺了他们发现和体验的机会，幼邝的思维不能与教师实现有意义的交流，更不能碰撞起绚丽多彩的智慧的火花，只能亦步亦趋地跟在教师的身后，完全丧失了主动性与创造性。缺乏一定科学性的、低效的教学语言无法开启幼儿思维、促进幼儿各方面的发展，更无法实现教师与幼儿深层次的交流与对话。国外学者卡尔森着重研究了学科知识对教师教学语言的影响，结果表明当教师对教学内容缺乏深入理解时，他们喜欢频繁地用低认知层次、缺乏一定科学性的低效的教学语言来控制课堂谈话，这个时候幼儿的参与程度很低，思维沉寂，缺乏创造性但是当教师教授熟悉的课题时，他们的教学语言明显减少，但是幼儿的参与程度很高，思维活跃，并喜欢提问各种问题。

最后，回应性教学语言的主观性与片面化，缺乏必要的科学性，致使教师教学语言的有效性欠缺。教师在"有目的"的提问之余，总是希望并期待着幼儿能够回答出自己心中早已预定好的答案。因此，只有幼儿的回答符合老师的心意时，教师才会迫不及待地给予大力的赞扬和肯定，否则，只会换来教师的置之不理或否定批评，再或者就是所谓的"正确答案"的直接告知，幼儿作为教学活动中学习主体的思维与创造能力的发展被淡化、被忽视。整个教学活动没有了幼儿主动思维的参与，没有了幼儿独立的有创造性意见的参与，教师教学语言沦为形式化的非科学、无效的语言。作为教学活动主导者的教师并没有把幼儿作为一个与自己一样有着独特思想与体验的真实存在的生命个体，没有试着对幼儿发自内心的声音予以倾听和理解，教师缺乏科学性的教学语言，控制着教学活动发展的方向，同时也控制了幼儿的思维，导致教学语言的实效性缺失，教学活动目标的偏离和教学效果的偏低。

（三）学前教师教学语言的示范性不足

幼儿心理学指出，婴幼儿期是人一生中掌握语言最迅速的时期，也是最敏感的时期。敏感期理论认为，人类个体某些机能的形成与发展有一个特殊的敏感阶段，语言发展也是如此，在语言敏感时期里，一但给予较好的语言刺激和训练，幼儿就会既快又好地掌握语言。反之，如果错过了语言发展的敏感时期，即使花再多的时间与精力也难以保证幼儿较好地学会语言，众所周知的狼孩便是一个鲜明的实例。班杜拉的社会学习理论认为，儿童语言的学习是通过观察他人的言语行为及其结果而习得的。学前教师作为与幼儿接触密切、影响较大的重要他人，是幼儿学习模仿的主要对象，其在教学活动中所使用的语言也便毋容置疑地成为幼儿在语言发展关键期内学习的重要范本。然而，由于教师自身素质有限或对其重要意义的忽视与不了解，使得教学语言示范性不足，主要表现为教学语言的冗长繁琐、逻辑不清，语言组织无层次、无条理、无系统，带有严重的地方方言和口头禅，缺

乏一定的艺术性，妨碍了师幼交往活动中语言的交流与沟通。

学前教师教学语言的示范性不只体现在语音、语汇、语法上，教师普通话要标准，发音要清晰，对幼比不够规范的语言表达予以补充、纠正，还应体现在语言的简明精炼、语意清晰、条理有序上。这不仅是由幼儿语言发展的年龄特点决定的，更是由教学语言自身的科学性和可交流的相互理解性等特点决定的。幼儿作为一个未成熟的、正在形成中的生命个体，知识经验缺乏，掌握的词汇较少，理解与思维的水平比较低，难以较好地理解和把握教师的教学语言，所以需要教师在在普通话标准、发音清晰的基础上还要保证教学语言语意的清楚明白、以最少的文字表达最丰富的意义，不仅可以给幼儿提供一个可供模仿、学习的更高层次的规范语言的示范，保证幼儿在语词表述正确无误的基础上亦能"清楚地说出自己想说的事"，保证教师对幼儿语言背后所隐藏的目的和意图的理解与把握，这也是我们《幼儿园教育指导纲要》的基本要求。教师教学语言的示范性还可以实现师幼彼此的心理体验与移情和相互的理解与接纳，促使教师与幼儿间有效的互动与交流，并真正作为不同的精神个体达到心灵的沟通。

（四）学前教师教学语言的情感性融入不够

声音一旦进入课堂便和教师的情感融合在一起，成为不可分的神形整体。因此，一直以来人们对教师的定位是教书育人，知识的叙述只是作为教师教书

的职责，而育人的职责则对教师提出了更多情感方面的要求。卡西尔认为"言语的最初和最基本的层次显然是情感语言，人的全部话语中很大一部分仍然属于这一层。"感情是沟通心灵的桥梁，富有感情的教学语言，不只作用于学生的感官，更重要的是作用他们的心灵，不仅影响他们的知识水平、智力能力，还影响他们的人格结构。所以说，"教学语言的情感性决定了语言的交往过程不是接受式的，而是感应式的、体验式的""教学话语具有传递信息并引起接受者接受信息的功能，也具有表达施教者情感和态度并弓起和改变接受者的，清感、态度的功能""在学校和教室笼罩着的种种言语气氛可能会阻止或者促成教师和学生间的联系和接触感。"教师的教学语言除了负载大量的认知信息外，同时也负载着大量的情感信息，或委婉，或直白，或居高临下，或和蔼可亲，或心平气和，或语重心长教师借助语言客串着活动中不同的社会角色，从不同的心理空间与学生进行着心灵的接触。然而，在实际的幼儿园教学活动中，教师缺乏情感的"冷冰冰"的教学语言却是屡见不鲜。

雅斯贝尔斯说，"教育不能无视学生的现实处境和精神状况，而认为自己比学生优越，对学生耳提面命，不能与学生平等相待，不能向学生敞开自己一的心扉。"教育追求的是人的精神与灵魂的交流与沟通，因此，在幼儿园的教学活动中，教师应向幼儿敞亮心灵，对幼儿的发现表示惊异的欢喜，对幼儿的声音表示真切的理解，对幼儿的成功表示由衷的欣慰，对幼儿的失败表示不懈的鼓励，因幼儿的喜而喜，因幼儿的悲而悲，对幼儿所做的一切都表示理解和宽容。教师在活动中的教学语言作为沟通彼此心灵的桥梁也应更多地关注幼儿，体现一定的"人文性"，不让过多的知识和误解堵塞了与幼儿情感交流的通道，只有在这种"两情相悦"的语言氛围中才能"建立起良好的师生、同伴关系，让幼儿在集体中感到温暖，心情愉快，形成安全感和信赖感"，有效地保证教育教学活动的顺畅进行和幼儿积极情绪情感的发展。

第四节　学前教师提高教学语言的艺术与表现形式的策略

教学语言是教师进行知识传授、思想交流和情感沟通的极为重要的手段，是整个教学活动不可缺少的重要组成部分。因此，提高教师教学语言水平，并为有效教学进行服务，迫在眉睫。`

一、以幼儿为中心组织幼园教师教学语言，力避控制性倾向

现代解释学认为，人类运用语言来理解世界和表达人类对世界的、理解，反过来看，语言又是对人的理解方式和理解程度的表达。因此可以这样说，语言是人对自己的理解的表达。不同的人由于心灵体验、反思意识和理论解释等的差异，对同一内容的理解和体验会有所不同。幼儿作为教师教学语言的倾听者，是一个未成熟的、正在形成中的生命个体，知识经验缺乏，掌握的词汇较少，理解与思维的水平比较低，对教师的教学语言难以较好地进行理解和把握，并且会因不同的知识经验而有不同于教师或他人的独特理解与体验。所以，学前教师教学语言对象的特殊性要求教师以幼儿为中心来组织教学语言，而不是一味地将自己的想法强加给幼儿，并通过对幼儿话语与思想的控制依据自己画好的图纸按部就班地"引导"幼儿一步步走向预定的终点。

（一）尊重幼儿，认真倾听幼儿的回答

古人云"言为心声""慧于心而秀于言"。马克思曾经从语言和意识、思想的关系角度提出"语言是思想的直接实现。"海德格尔认为"语言是存在的家。人栖居在语言所建筑之家中。"②没有语言，存在就无处寄身，也无法表现。教师的教学语言作为一种特殊的语言，是寄身于语言外壳之内的教师本体的表现，反映教师一定的言语行为，并体现教师教育教学的基本思想与观念。同时，幼儿对教师问题的回答也反映幼儿一定的言语行为，并体现幼儿独特的思想与感受。因此，教师通过倾听能够更多地关注幼儿回答的闪光点，从幼儿的语言中捕捉带动活动进行的有效信息，能够抓住启迪幼儿思维的契机，引导幼儿活跃的思维走向一个充满更多体验与探究的精彩世界。幼儿作为一个与教师同样的有着独立的思想、意识、情感、兴趣、爱好和自由权利的自然与精神共存的真正意义上的"人"，作为教师教学语言的解读者，是不会空着手进入和展开阐释的，对同一个问题，幼儿都有自己的诊释和理解，表达时也会有属于自己的百种语言，如果教师不注意倾听幼七，就会成为知识或话语的权威者、灌输者，把自己的想法强加给幼儿，从而使教学语言表现出明显的控制性痕迹，或者曲解甚至错误地理解幼儿的意思，不利舌纳之思维的发展，师幼间的理解与交流和良好师幼关系的建立。因此，教师要善于倾听幼儿，只有在一种倾听的环境中，幼儿才能成为主动的建构者，而不是被动的承受者，幼儿的回答也才能成为教师进一步提问、引导的起点和阶梯。真正有效的、以幼儿为中心的教学语言总意味着教师善于倾听幼儿的声音，转化幼儿的观点，引发更复杂的回答，师幼间的交流与互动在以幼儿为中心的语言环境中不断走向深入。

（二）仔细观察幼儿反应，据此调整教师教学语言

教师的教学语言总是在师幼的相互作用与交流中才成为明白的，因为在彼此的交往过程中，教师要说出心声，要移情于他，教师与幼儿都怀有一种激动不安的精神交往的渴求。然而，幼儿正处于生长发育阶段，其兴趣、情绪、心理常处于波动状态中，所以需要教师善于根据幼儿外部的变化来揣测幼儿的内心世界，关注幼儿的感受和兴趣，'及时准确地观察幼儿对教学语言的反应，并据此调整自己的教学语言，而不是一个人毫无顾及地侃侃而谈式的语言独白。这种独白式的教学语言是冷冰冰的、缺乏情感性的、并且带有明显的控制性的语言，不易被幼儿理解和接受，更不可能到达教师的心灵并通向幼儿的心灵。教师的教学语言作为一种教学手段，必须通过幼儿的内部心理条件才能起作用。有的幼儿在教师讲授时，做其它的事情，或者说笑打闹，或者不能正确理解与回答教师的问题，这种情况可能是教师所讲授的内容引不起幼儿的兴趣，或者是教师所使用的语言晦涩难懂，或者是超出幼儿的经验范围。善于观察的教师，就会根据幼儿的这些表现迅速地适当调整语言内容，或者改变语言的表达方式，把抽象的内容表达的生动形象、通俗易懂，及时地把幼儿的注意、思维引向教学的中心。这样，教师就不会是通过生硬的、带有强烈控制性的教学语言命令幼儿，呵斥幼儿，甚至是侮辱、恐吓幼儿，为保障活动的顺畅开展而维持和控制教学秩序。

二、精心设计和组织有效的学前教师教学语言

言语行为理论认为，教师的教学语言不仅仅是一种语言符号，更包含着教师的目的和意图，并且因为语言背后这种不确定的目的和意图，极易造成教师"意欲表达和实际表达的不同一，实际理解与期望理解的相偏离"，导致幼儿对教师教学语言理解的偏差或错误。因此，教师的教学语言不能是随意的无的放矢，而应关注语言表达的目的性，体现一定的计划性，同时还要注重语言表达的科学性和逻辑性。一些教师认为教学语言不用事先准备，可以临场发挥，其结果在活动中，教学语言语无伦次、晦涩难懂，不仅不能给幼儿提供正确的语

言示范,，还会影响幼儿的理解，束缚幼儿的思维，偏离教学目标，给教学活动带来一些负面影响，活动后亦不会对教学语言的运用情况进行分析和思考，在反思中总结经验教训，自身的教学语言始终处于一个较低的水平之上而无法得以提升。鉴于此，教师在活动前精心设计、组织教学语言，活动后反思自身教学语言存在的问题与不足是必不可少的一个环节，但同时也要根据活动过程中不断生成的成分进行灵活的调整，使教学语言的预设与生成相得益彰，互动共生。

（一）活动前的准备

根据言语行为理论，教师的教学语言应该具有一定的目的性和计划性，科学性和逻辑性，也就是说教师在活动开展前需要对教学语言进行准备，给予有目的有计划的、符合科学、逻辑的设计和组织，从而提供一种在师幼交往活动中可以用于沟通的语言。幼儿园教学目标与教学内容的确定与把握是教师教学语言真正实现目的性和计划性的前提与保证。在目标的引导下，教学有了明确的前进方向，教师的教学语言才不至于出现盲目、随意等偏离目标甚至迷失目标而导致教学的低效与无效等现象。教学内容是教学目标得以实现的中介，也是教师教学语言直接作用的对象，教师对教学内容掌握的程度将直接影响教师在活动中的思维与表现，进而也将会影响到直接作用于内容本身的并作为教师思想的表达形式与外在表现而存在的语言。研究发现，教师在对所讲授的教学内容与目标不够清晰明确时，经常会表现为思绪混乱、语无伦次、冗长繁琐、带有诸多口头禅，缺乏逻辑与条理，抓不住教学的重点与难点，影响幼儿对语言的理解与掌握，偏离教学目标，甚至会造成教学的低效或无效。因此，教师在活动前，首先了解一定的教学任务，并对教学内容、教学目标有整体的、较好的把握，设计好教学方案，做到心中时刻藏有"目标"，怀有"内容"从而依据目标化教学要求与内容为教学问题，然后变教学问题为一个个科学、具体的教学提问与引导，充分发挥教师教的主导性作用，给幼儿提供正确、科学的语言范本，保证师幼间的理解与交流，确保教学活动的顺畅、有效开展。

教师教学语言在活动前的准备还体现为对幼儿已知与未知的把握和了解。因为幼儿原有的知识和经验是教师组织教学的起点，是教师选择和设计教学语言的依据，也是幼儿能否积极主动建构新知识的基点。维果茨基的最近发展区理论认为，幼儿的发展水平有两种，一是幼儿现在已经达到的发展水平，即"现有水平"，二是需要通过一定努力才能达到的水平，即"潜在水平"，这两个水平之间的区域即为"最近发展区"。根据"最近发展区"理论，教师教学语言的选择与组织就需要充分考虑到幼儿发展的这一特点，注意倾听幼儿的回答，认真观察幼儿的反应，增强对幼儿反应的敏感度，并根据幼儿的真实声音与实际表现来了解幼儿的现有水平与现有经验，继而把握幼儿的已知情况。然而，教师的教学不仅要与幼儿的现有经验与发展水平相一致，还应力求"先于发展"，即走在幼儿发展的前面，预知幼儿的未知，预知幼儿在教师的帮助下可能达到的更高一层次的状态与水平。因正是这些"未知"的经验和内容构成了幼儿身心发展的内在需求，成为激发幼儿探究精神的内驱力。鉴于此，的教学语言就应处于幼儿的能为幼儿接受和理解的同时，"最近发展区"之内，教师选择与组织在贴近幼儿实际、真正符合幼儿的兴趣爱好、动机需求、情感体验，并依此进一步预知教学过程中可能会出现的种种问题，事先想好应对策略并加以开放性的、有意识的、最能激发幼儿兴趣、展现幼儿创造性思维、促进幼儿发展的引导。教师更具启发性、艺术性的教学语言也会在引导的过程中不断生成。同时要有意识留白，留给幼儿足够的思考与想象的时间与空间，充分发挥幼儿的积极性、主动险和能动性，让幼儿在教师教学语言这一支架下去探索、去体验、进而实现自主学习，保证教学语言的科学性、有效性和情感性。

（二）活动中的生成

预设与生成是即相互对立又相互统一的矛盾体，没有预设的生成往往是盲目的，而没有生成的预设又往往是低效的预设体现一定的科学性、计划性，具有一种不确定性和炙样性而生成关注艺术性、动态性和发展性，二者相辅相成，缺一不可。受传统教学观念的影响，学前教师在设计和组织教学语言时更多的是注重活动前的预设，而对于活动中的生成却较少给予关注，活动现场也更多地表现为按教师个人的主观意向所设计的语言流程按部就班的皇现，缺乏一定的灵活性和生动活泼性，变得死气沉沉，毫无生机，成为教学活动一步步走向死寂的缘由。鉴于此，学前教师的教学语言需要活动前的精心预设和准备，但又不是完全的"过细"的预设，而是基于对教学内容、目标的了解，对幼儿已知、未知的把握基础上的粗线条的、板块式的预设，并凭借这种预设在活动开展的过程中不断地实现精彩的"意外"的生成、教师的提问、引导与回应是教学活动中较为重要的教学语言，关系着幼儿的发展的与目标的达成。因此，教师在活动中的提问，不应是僵死的、封闭的，而应是开放的、对幼儿的认知、思维发展等有促进作用的高水平问题，允许幼儿有不同的、独创性的思考与见解。教师在关键时刻的关键性引导也应该是变化的、开放的和两个平等主体间的对话性的，是允许存在意外，并因这种意外而灵动生成的，旨够鼓励幼儿从不同的视角表达自己的疑问好奇、所知所想，并提供及时的反馈，或对幼儿的回应作进一步补充与引导的。只有如此，教师的教学语言才能够激发幼儿思维，弓导幼儿多角度、多元化的回答与表现，同时又能有效、高质地完成教学目标，完成教学任务，真正促进幼儿的发展。只有预设的教学语言，也许是良好的具有一定逻辑性、条理性的教学语言，但缺乏灵活性、动态性和开放性，并且可能会引起教学语言的较为明显的控制性倾向。一因此，还需要教师充分发挥自身的教育机智，对活动中的突发情境作出较为迅速的价值判断，随时调整自己的教学言语行为，灵动创生，使预先设计和组织的教学语言朝着既开出灵性之花，又结出智慧之果的方向发展。

（三）活动后的反思

传统的教学理论比较强调活动前的准备这一环节，而忽略了活动后的反思。教师活动后对教学语言的运用进行分析和思考，有助于改进和完善教师的教学语言，提高教师的教学语言水平。教学过程不是一个封闭的系统，教师教学语言的预设与生成，既要求对教学目标与内容的把握，对教学对象的已知与未知、爱好与兴趣的熟知和教师临场的教育机智，更要求对自身教学语言运用的状况与效果进行反思，并在反思中总结经验教训。波斯纳提出了一个教师成长的公式经验＋反思＝成长。他认为没有反思的经验是狭隘的经验，至多只能形成肤浅的知识，没有反思的经验也不会帮助教师获得好的发展，因此，更不能帮助教师教学语言水平与能力的提高。作为一名学前教师，如果仅仅满足于获得经验而不对经验进行深入的反思，那么，即使有几十年的教学经验，也许只是一年工作的几十次重复。因此，教师教学语言的改进与提升需要教师将活动后的反思作为自己教学中的重要组成部分，通过自我评价、写教后反思等方式反思幼儿在活动中的反应，反思自己教学语言中可能存在的问题，反思改进这些问题的方法与对策，继而为自己下一次活动前的语言准备提供更为准确、有效的经验与信息。这样，教师才可以真正了解到自己到底在做什么，以及为什么要这样做，从而在对自身言语行为进行不断的反思与评价的过程中改善言语行为，提升教学语言水平。

三、讲求学前教师教学语言的表达技巧，`以树立正确的语言示范

在幼儿园的教学活动中，一定的教学语言表达技巧是教师有效运用语言的基础，是确保活动顺利进行，增强活动实效性，达到预期教育目标、促进幼儿全面、健康、和谐发展的有效保证。后结构主义的语言理论认为，语言的意义是内在的，它根本不涉及语言以外的事情。语言的能指没有固定的所指，它随语言内在结构的不断流动而不停地浮变，是开放的、不确定的。一切看来对立的东西，无不在解构中只有"异"，没有"同"只有"开放性"，没有"封闭性"只有"不确定性"，没有"确定性"。语言就是这样一种毫无外在内容的任意性游戏。因此，教师的教学语言需要在这个"更为复杂的、多元的、不可预测的教学系统或网络"中呈现一定的表达技巧，具备一定的内在逻辑，确保一定的开放性与生成性，并在实践中不断提升，成为一门"到达教师心灵并通向幼儿心灵"的艺术。

（一）语言表达符合一定的科学与规范

结构主义语言学家把语言看作是一个由语音和意义之间的关系构成的表达观念的符号系统，是普遍性、共同性的，具有内在的稳定的结构特征。对于"物的客体"来说，语言符号是客体内容的代码、代表和指示物，从而使符号脱离了实物，而作为"实物"的指标，具有一定的稳定性和抽象性。因此只要说出了代表这一事物的语言，便是可以被人理解的。但对于主体来说，语言是人们思想的反映，不同的思想便会有不同的理解。因此，要使说话有意义，使人听得懂，必须具备两个条件一是符合逻辑语法，符合语言内在稳定的结构特征。二是必须表述经验范围以内的事情。鉴于此，学前教师的教学语言作为师幼间有效交流的工具，需要符合一定的逻辑语法，确保自身的逻辑性、科学性，通俗易懂，符合幼儿己有经验，确保语言作为文字符号能够传达自身清晰而明确的意义。幼儿才能在理解教学语言的基础上，真正读懂和把握隐藏于教师教学语言背后的目的和意图，师幼之间也才会真正通向心与心的理解与交流。语言

大师老舍说过"我们是语言的运用者"，要想办法把话说好，不光是要注意说什么，还要注意怎么说。教师应自觉地研究、熟练地掌握一些基本的、必要的语言表达技巧，如发音、吐字、运气、共鸣、停顿处理、重音强调、节奏控制，力求教学语言的清晰准确、简明扼要、声情并茂、条理有序等，具备有一定的科学性与规范性，将会大大增进教学语言的表现力。

（二）在实践中提升语言表达的艺术

教学过程不是一个封闭的系统，教师的教学语言也不是闭塞的、充满确定性的语言，而是具有一定开放性、生成性的。教学语言很难像曾被认为的那样可以按照画好的图纸来按部就班地走向预定终点。教学语言作为一种语言符号，其意义只有在人们"通常的交往行为中通过相互作用才成为明白的"，也就是说，教师的教学语言只有在其教学语言实践的过程中，通过与幼儿的"对话"、交往才能够不断提高意义表达的清楚与明确，也只有在实践的过程中，才能到达教师的心灵并通向幼儿的心灵，成为一门艺术。所以，在教学实践中锻炼和提高自己的言语表达能力，掌握一定的教学语言艺术，是教师教学语言表达技巧不断变换与提升的基本途径。作为学前教师，只要是语言学习的有心人，那么他所开展的每次教学活动都会成为锻炼和提高教学语言表达艺术水平的有利机会。所以，从这个意义上说，"课堂即是教师教学语言表达艺术不断提高的实验室"。李如密教授在其《教学艺术论》中认为"教师教学语言的训练一般说来要经过两个阶段——'刻意雕琢期'和'回归自然期'，在前一个阶段，教师要完成从不注意教学语言技巧到重视教学语言技巧的转变在后一阶段，教师要完成从着意设计运用语言技巧到淡化技巧雕琢痕迹的转变，这两个阶段是必不可少的。并且，只有当教师的教学语言训练从前一个阶段过渡到后一阶段，完成这一否定之否定的过程时，教师的教学语言表达能力才能得以提升，教师的教学语言才能成为一种艺术，教师也才可以称为教学语言的专家。""刻意雕琢"期需要外力推进，如师徒结对、听课评课、专家指导等，而"回归自然"期则依赖于教师的自我修炼，如活动前的精心准备、活动后的总结反思、珍惜把握每次教学的机会等。也就是说教师教学语言的表达技巧是可以通过教师的实践与锻炼，可以通过教师自身的不断努力而提高的。现在，有些学前教师片面地认为教师的教学语言能力主要是天生的，后天的锻炼与努力可能会有一定的帮助，但作用不是很大。可见学前教师虽然每天都在进行着教学语言的实践与锻炼，却没能成为语言学习的有心人，没能很好地争取和利用提高自己教学语言水平，并使之成为一门艺术的有利机会。

四、增强学前教师教学语言的人文性

人文主义哲学家认为，分析哲学单纯地强调语言的逻辑性、科学性，把语言的哲学思考仅仅诉诸于语言的确定性、表达的明晰性和意义的可证实性，而较少地关注到作为主体的"人"，因此，要求对语言的"人文主义"的理解，即要求考察语意的多义性、表述的隐喻性和可增生性，从而把语言理解为人的存在方式。鉴于此，学前教师的教学语言就需要在逻辑性、科学性的基础上予以提升，从作为倾听者与学习者的幼儿出发，更多地关注幼儿，体现一定的人文性和对话性。教师教学语言的人文性、对话性与教师对幼儿、对幼教事业的爱是紧密相连的。

（一）用爱心去演绎

"爱心"主要是指学前教师对幼儿与教育事业的热爱与忠诚，它是教师教学语言真正从幼儿出发，理解幼儿、关心幼儿，更多地体现一定人文性的前提与基础。幼儿园教育教学活动中的语言交往过程，不是符号与知识的传授过程，而是教师、幼儿的"体验"与"感应"过程，是两个亲密、平等主体之间用"心"去展开"对话"的过程，是人与人之间精神与灵魂相互交流与沟通的过程。对于教师，他应该是一个充满爱心，爱生乐教，具有人格魅力，具有社会责任感的贤者。教师心中只有充满了对幼儿、对教师这一职业的爱，口中的语言才能变得像"蜜"一样甜，很难设想一个根本不热爱教育工作、不热爱学生的人，会发自内心、用自己全部的激情与爱去关心与教育学生。《幼儿园工作规程》中把"面向全体，热爱幼儿"明确规定为学前教师的工作准则，所以，"爱幼儿'夕是学前教师岗位的第一要求，是师德之所显，师魂之所系。北师大心理学家林崇德教授认为，教师对学生的爱是一种充满无限理解与宽容的爱，它对教师工作的态度和教学行为的影响是显而易见的。教师教学语言作为一种言语行为必然会受"师爱"的影响，并作为"师爱"展现与传播的工具作用于幼儿，从而左右着幼儿的情绪情感与体验，制约着师幼良好关系的建立，制约着幼儿自身的发展。"在教学中，幼儿认知心理的投入还只是局部的投入，教学则需要

师幼整个身体的投入，需要整个生命的融入，需要感同身受，不只是用脑，还要用心。"高尔基也曾说过"教育儿童的事业是要求对儿童有伟大爱抚的事业。"所以说，教育是一颗心撼动另一颗心的事业，是心与心的交流。教师因为热爱幼儿，才会全身心地投入到幼教活动当中，做幼儿的良师益友，关注着幼儿的关注犷惊喜着幼儿的惊喜，用和蔼的态度，认真地观察，仔细地倾听，与幼儿进行心底的、智慧的对话。教师因为热爱幼儿，才不会把自己视为教学与知识的权威而居高临下，用缺乏情感的冷冰冰的语言强制幼七服从，粗暴地控制着教学活动中的发言权，控制着幼儿的思维、幼儿的情感与体验，在幼儿犯了错误的时候也不会简单地、不问缘由地给以或嘲笑或讽刺或羞辱的伤害幼儿心灵的批评与惩罚，而是使用建议、商量的口吻与幼儿谈话，对幼儿予以尊重和信任，更多地体现为包含着教师对幼儿、对幼教事业之"爱"的教学语言的情感性、体验性、人文性和更多的允许每位幼嘟可以拥有和亮出自己的观点思想，公开地表达自己的意见，理性地进行对话和协商，几民主地讨论各种感兴趣的话题的开放性、对话性与多元理解性。所谓"感人全在真情，情深方能意切"，充满"爱心"的教学语言才有力量，才能打动幼儿的心灵，赢得幼儿的真心，教学也才会真情流动，富有生命力。师幼双方在充满真情与活力的教学活动中"共同体验和感悟真理的力量、对话的乐趣、人格的尊严和生活的美好。"

（二）用对话去诠释

教学语言不同于演讲者一个人的演讲报告，更不同于人际交往中随心所欲、漫无目的交谈，而是以教师思想与知识的"独白"为主的同时又穿插着适当的与学生"对话"的语言。因此，学前教师的教学语言从根本上说应该是独白式的，然而又不仅仅是独白式的。哈贝马斯曾把自然科学的一种"经验分析的陈述性语言"作为"独白"的语言，把它与工具行为相联系，并指出了"独白式"的语言缺乏情感性。语言在海德格尔看来，既非描述，也非表现，而是"在者"的体验，是一种移情，所以，它和情感是不可分的，是与人的本真的存在不可分的。所以，"真正的对话，是那种建立在平等关系基础上的自由交流，是扫除了一切正规性和严肃性之后的随意性的不拘一格的交谈。"没有预设标准答案的束缚，没有对相异观点的压制，每一个言说者都作为一个独立、平等的主体性存在发出自己的声音。只有通过对话性的教学语言，教师才能走进幼儿的内心世界并理解幼儿的需要，进而走向真正的"人"的教学，实现彼此间视域与精神的契合。鉴于此，教师要放弃长期固守的"知识霸权"和"话语霸权"，重构新型的教师观。联合国教科文组织主编的《学会生存—教育世界的今天和明天》一书中对未来学前教师的角色作出了这样的描述"现在教师的职责已经是越来越少地传递知识，而越来越多地激励思考，除他正式职能外，他将越来越成为一个顾问、二位要交换意见的参加者，一位帮助发现矛盾论点，而不是拿出现成真理的人。他必须集中更多的时间和精力去从事那些有效果的和有创造性的活动，互相影响、讨论、激励、了解和鼓舞。"因此，我们认为学前教师应该成为幼儿活动的"支持者、合作者和引导者"，不仅成为信息的提供者与知识、价值观的传递者，也是发展其能力、兴趣的指导者和顾问，应该成为后现代主义者多尔笔下的"平等中的首席"。教师的教学语言不是对幼儿进行控制与灌输，而是引领幼儿成长的方向，在开放性问题的提问与引导之下让他们学会自己获得信息，学会自己学习，从而为终身学习打下坚实的基础。只有如此，幼儿才会被看作是发展中的、富有潜力的、整体的、具有主动性与能动性的人，一是教学活动的参与者和合作者，是与教师处于平等地位的，拥有完整生命的人，而不是服从者和被动接受教学活动影响的承受者，教师与幼儿也才能在这种合作对话、平等民主和互惠式的关系中不断去"敞亮"和"接纳"，并作为两个具有独立人格的人进行思想的交流和精神的沟通。如此看来，教师的教学语言应该是情感的交流和对话精神的践行。

参考文献

[1] 高名凯 . 语言论 [M]. 上海：商务印书馆，1995.

[2] 戚雨村 . 语言学引论 [M]. 上海：上海外语教育出版社，1985.

[3] 陈原 . 社会语言学 [M]. 上海：学林出版社，1982.

[4] 王德春 . 语言学概论 [M]. 上海：外语教育出版社，1997

[5] 张华 . 课程与教学论 [M]. 上海：上海教育出版社，2000.

[6] 教育部师范教育司 . 钱梦龙与导读艺术 [M]. 北京：北京师范大学出版社，2006.

[7] 孙培青 . 中国教育史 [M]. 上海：华东师范大学出版社，2000.

[8] 武冬艳 . 自然语言生成的哲学探索——论语言的生物性、语言与心脑关系以及语言生成机制 [J]. 外语学刊，2012（02）.

[9] 庆贺徐盛桓教授 75 寿辰"心智哲学与语言研究"专栏 [J]. 当代外语研究，2013（06）.

[10] 韩雪屏 . 语文课程的知识内容 [J]. 语文建设，2003（3）.

[11] 刘国正 . 灯火阑珊处——语文教学管窥 [J]. 课程·教材·教法，1993（6）.

[12] 李海林 . 语文课程改革的进展、问题及前瞻 [J]. 语文建设，2006(03).

[13] 刘良华 . 教育、语言与生活 [J]. 华东师范大学学报：教育科学版，2001（3）.

[14] 刘铁芳 . 语言与教育 [J]. 河北师范大学学报，2001（2）.

[15] 闫旭蕾 . 谈教育研究的语言之维 [J]. 华东师范大学学报：教育科学版，2009（2）.

[16] 李华平．课堂教学中教师的语言艺术 [J]．语文学刊，2009（3）．

[17] 吴肖玲．当前幼儿园语言教育存在的问题及对策 [J]．中国校外教育，2012（17）．

[18] 杨玲，肖华锋，田晓雨．试论幼儿园语言教育 [J]．教育教学论坛，2012（15）．

[19] 周康燕．浅谈幼儿园语言教育活动中存在的问题 [J]．现代阅读（教育版），2012（7）．

[20] 张芳芝．幼儿教学中教师的教学语言艺术探析 [J]．读写算：教师版，2017（31）．

[21] 白晓琳，陈闻晋．幼儿教师教学语言艺术特征研究 [J]．教师教育论坛，2015，28（8）．

[22] 张娟．浅谈"让幼儿喜欢说"的方法和途径 [J]．课程教材教学研究：幼教研究，2007

（01）．

[23] 钱云花．营造良好语言环境促进幼儿语言发展 [J]．小学时代：教师，2010（04）．

[24] 王丽芬．浅论音乐教学中的语言艺术 [J]．中国音乐，2002（03）．

[25] 邓诗雨．浅谈幼儿教育中的语言艺术 [J]．无线音乐·教育前沿，2014，12（2）．

[26] 王志贺．展现语言艺术的魅力——基于幼儿教育视角看待语言艺术 [J]．新课程学习·上

旬，2014，02（8）．

[27] 赵兴艳．探究教师语言艺术提升幼儿园教学效率 [J]．小作家选刊，2016，28（19）．

[28] 崔冉冉，石红霞．幼儿语言教育存在的问题及解决对策探析 [J]．学周刊，2019（12）．

[29] 王英雪．巧用"情趣"妙领童心——谈幼儿语言教学 [J]．中国校外教育，2019（08）．

[30] 李珊．幼儿园语言教育中的提问策略探讨 [J]．才智，2019（07）．

[31] 颜萍. 如何开展幼儿园语言教学活动 [J]. 课程教育研究,2019（08）.

[32] 杨竹英. 语言教学中幼儿想象能力的培养 [J]. 中国农村教育，2019（05）.

[33] 钟云虹. 将古典名著融入幼儿园大班语言教学中 [J]. 读与写（教育教学刊），2019，16

（02）.

[34] 殷汉. 探究提升幼儿语言教学实效的策略 [J]. 科学大众（科学教育），2019（01）.

[35] 卢敏. 规范化·形象化·趣味化·激励化——小学语文课堂中的语言艺术解析 [J]. 中国

校外教育，2018（18）.

[36] 郝菲. 美潜伏在语言深处——让言语有"场"[J]. 小学教学研究，2018（18）.